建築光環境工学

― その基礎から応用まで ―

小﨑美希　原　直也　望月悦子
鈴木広隆　秋月有紀

理工図書

まえがき

　光やものの見え方に関する知識・技術の発見利用は、古くから学問の中心であった。著名な物理学者であるアイザック・ニュートンは、光と色に関する知識の集大成として「光学」を記しているが、それ以前も以後も「光は粒子であるか、波であるか」という議論が続けられ、二重性が認められるようになったのは20世紀前半の量子力学の確立以降である。一方で、見え方の検討に関しては、古代ギリシャの柱の形状であるエンタシスにおいてもその片鱗を見ることができる。このように、光や見え方に関する知識・技術は、日常の現象に近いところから物理学の根幹に至るまで、幅広く関わっていることが分かる。

　本書は、建築環境工学を学ぶ大学学部3年生を対象として、特に光やものの見え方に関する知識・技術のうち、建築空間を設計・計画する上で重要な部分を抽出してまとめたもので、15週の授業を想定した内容となっている。一方で、光環境だけで1冊の教科書を執筆する機会であったこともあり、想定したレベルをやや踏み越えた内容についても取り扱っている。これは、光環境に強い興味を持った学生が、自主的により高いレベルの知識を身に付けたいと考えた際に、そのステップへの踏み台となることを期待してのことである。このため、本書を教科書として採用する場合には、15週の範囲に収まるように内容を取捨選択し、取り扱うことができなかった内容についても、履修学生の関心につなげるような進め方をして頂ければまことに幸いである。

　本書の執筆は、2014年10月に最初のきっかけがあり、早いもので4年近くの歳月が過ぎようとしている。この間、光環境工学の分野で長年議論を重ねてきた「同士」のような方々や、新進気鋭の若い方々に執筆を依頼し、ご多忙な中で快諾を得ることができた。実質的に執筆を開始したのが1年後の2015年で、その後は日本建築学会大会の場やネット会議などの場でそれぞれの原稿を読み合せ、様々な意見を交換してきた。このような分担執筆のケースでは、他の執筆者が担当した部分についてはあまり口を出さないこともあるが、本書の執筆に関しては、忌憚のない意見を戦わせて、執筆内容の大幅な変更が生じた箇所もある。これらについては、執筆頂いた方々の出版に向けての強い思いで意見を集約させ、発刊を迎えることができたと考えている。

　本書の執筆に当たっては、それぞれの著者がさまざまな方々に多くの協力を頂いているが、それらに対する謝辞をここで文字にすると1章分となってしまうので、謝辞は各著者による直接の言葉に委ねることとする。長い時間を要することとなったが、光環境工学に関する幅広い知識をカバーするすばらしい教科書を執筆する機会を頂いた理工図書株式会社に深い感謝の意を表したい。

平成30年8月
著者を代表して
鈴木　広隆

目　次

第1章　光と色の基礎 …………………………………………………………………… 1
1.1　光と色の特徴 ………………………………………………………………… 1
 1.1.1　光とは何か ……………………………………………………………… 1
 1.1.2　電磁波の波長ごとの名称と特徴 ……………………………………… 1
 1.1.3　光の挙動 ………………………………………………………………… 3
 1.1.4　反射 ……………………………………………………………………… 3
 1.1.5　透過 ……………………………………………………………………… 5
 1.1.6　屈折・吸収 ……………………………………………………………… 7
 1.1.7　色とは何か ……………………………………………………………… 8
1.2　光と色の表現方法 …………………………………………………………… 10
 1.2.1　測光量 ………………………………………………………………… 10
 1.2.2　測光量間の関係 ……………………………………………………… 13
 1.2.3　色の表現方法 ………………………………………………………… 14
 1.2.4　*XYZ* 表色系 ………………………………………………………… 17
 1.2.5　マンセル表色系 ……………………………………………………… 18
1.3　光と色の効果 ………………………………………………………………… 21
 1.3.1　視覚情報処理 ………………………………………………………… 21
 1.3.2　見やすさ ……………………………………………………………… 26
 1.3.3　光の好ましさ ………………………………………………………… 27
 1.3.4　色の好ましさ ………………………………………………………… 28
 1.3.5　視覚以外の効果 ……………………………………………………… 30

第2章　光と色の測定と計算，及び視環境評価指標 ……………………………… 33
2.1　光と色の測定方法 …………………………………………………………… 33
 2.1.1　光源の発する光の測定 ……………………………………………… 34
 2.1.2　照度，入射光の測定 ………………………………………………… 35
 2.1.3　輝度の測定 …………………………………………………………… 35
 2.1.4　反射・透過光と，物体色や反射・透過特性の測定 ……………… 35
 2.1.5　物体色の視感測色 …………………………………………………… 37
2.2　光と色の計算方法 …………………………………………………………… 37
 2.2.1　直接照度の計算方法 ………………………………………………… 38
 2.2.2　間接照度の計算方法 ………………………………………………… 42
 2.2.3　照明計算例 …………………………………………………………… 49
2.3　視環境評価の要件となる視覚心理指標 …………………………………… 53
 2.3.1　明るさ指標 …………………………………………………………… 54
 2.3.2　グレア指標 …………………………………………………………… 55
 2.3.3　色の見え ……………………………………………………………… 56
 2.3.4　演色性評価 …………………………………………………………… 58
 2.3.5　見えやすさ …………………………………………………………… 60
 2.3.6　モデリング …………………………………………………………… 63

第3章　昼光照明 ·· 67

3.1　太陽放射 ·· 67
3.1.1　太陽放射が地球上に届くまで ···································· 67
3.1.2　太陽放射の特徴（メリット，デメリット）······················ 69
3.2　太陽と地球 ·· 69
3.2.1　地球の動き ·· 70
3.2.2　時刻の表し方 ··· 70
3.2.3　太陽位置 ··· 73
3.3　日照と日影 ·· 76
3.3.1　日照 ·· 77
3.3.2　日影位置 ··· 77
3.3.3　日影時間図 ·· 78
3.4　昼光光源 ·· 82
3.4.1　昼光光源の分類 ·· 82
3.4.2　直射日光の特徴 ·· 83
3.4.3　天空光の特徴 ··· 84
3.4.4　地物反射光の特徴 ··· 86
3.5　窓・開口部 ·· 87
3.5.1　窓の種類・名称 ·· 87
3.5.2　窓・開口部の心理的効果 ······································ 87
3.5.3　窓・開口部の採光性能と定量的指標 ························ 88
3.6　昼光制御 ·· 90
3.6.1　直射日光の室内への入射 ······································ 90
3.6.2　各種日よけ ·· 92
3.6.3　直射日光利用型の窓システム ································ 98
3.6.4　昼光照明の留意点 ··· 99

第4章　人工照明 ·· 103

4.1　光源の歴史 ·· 103
4.1.1　発光の原理 ·· 103
4.1.2　炎の光 ··· 103
4.1.3　電気による光 ··· 104
4.2　人工光源の種類 ·· 105
4.2.1　光源の評価方法 ·· 105
4.2.2　LED ··· 106
4.2.3　白熱電球（及びクリプトン電球，ハロゲン電球）·········· 108
4.2.4　蛍光ランプ ·· 109
4.2.5　放電ランプ ·· 110
4.2.6　ELランプ ·· 111
4.3　照明器具の歴史 ·· 112
4.4　配光 ··· 115
4.4.1　配光の分類 ·· 115
4.4.2　配光のコントロール手法 ······································ 117
4.5　照明の方式 ·· 117

	4.5.1	全般照明方式と局部照明方式	117
	4.5.2	映り込みを避けるための照明方式	118
	4.5.3	鉛直面照度を確保するための照明方式	119
4.6	照明の制御		119
	4.6.1	スイッチによる点消灯	119
	4.6.2	調光と調色	119
	4.6.3	センサ・タイマーによる制御	120
4.7	照明器具の取り付け位置による分類		121
	4.7.1	天井・壁に取り付けられる器具	121
	4.7.2	床・机に設置される器具	122
	4.7.3	建築化照明	122
	4.7.4	屋外に設置される器具	123

第5章　光と色の基準と計画　127

5.1	日照に関する基準		127
	5.1.1	日影規制	127
	5.1.2	高さ制限	129
	5.1.3	採光規定	132
5.2	建築空間の光環境の質に関する基準		133
	5.2.1	照明基準総則	133
	5.2.2	非常時対応の照明の基準	135
	5.2.3	環境性能評価	137
5.3	都市空間の光環境の質に関する基準と計画		138
	5.3.1	街路照明	138
	5.3.2	道路照明	139
	5.3.3	景観照明	141
	5.3.4	光害対策	142
5.4	色の基準と計画		144
	5.4.1	安全色	144
	5.4.2	色彩のユニバーサルデザイン	145
	5.4.3	都市景観への配慮	146
5.5	建築用途別の視環境計画		147
	5.5.1	人工照明による設計の手順	147
	5.5.2	住宅	148
	5.5.3	オフィス	150
	5.5.4	商業施設	152
	5.5.5	病院・高齢者施設	152
	5.5.6	美術館・博物館	154
	5.5.7	学校	155
5.6	光環境の可視化		156
	5.6.1	光環境の可視化とは	156
	5.6.2	等値線による可視化手法	157
	5.6.3	疑似カラー表現による可視化手法	157
	5.6.4	光と色を考慮した表現による可視化手法	158

第 1 章 光と色の基礎

本章では建築光環境を考える上で必要となる基礎知識を概説する。

光環境の基礎となる光と色の特徴について,基礎知識と建築への応用的知識を織り交ぜながら解説する。次に光と色の表現方法について,測光量と表色系やそれぞれの関係性について述べる。最後に光と色の効果について,受容器である眼の構造や情報処理プロセス,生理的・心理的効果について解説する。

1.1 光と色の特徴

1.1.1 光とは何か

光の性質を解明しようと古代から探求がなされてきた。光は電磁波の1種であり,波の特性を持つと捉え,それによって挙動を説明しようとする波動光学(Physical Optics, Wave Optics)の考え方がある。ニュートンのプリズムを用いた光の分光の実験は有名な例である。しかし,特にエネルギーの観点から波動光学では説明できない挙動(例えば,光のエネルギーが波長に依存する現象についてなど)について,光を光子(Photon)と捉える量子光学(Quantum Optics)も発達した。レンズなどの研究で発展した幾何光学(Geometric Optics)の分野は,波長ごとの挙動の違いではなく,光を光線と捉えて方向など光の経路に主眼を置いている。単純なモデルで検討できるため,現代でも光学機器の分野で利用されている。レンズと像の形成の関係について学んだ際に用いたことも思い出せるだろう。

本書では,建築環境工学において必要とされる知識に主眼を置き,伝搬に関しては幾何光学的な考え方で解説し,光と色と視覚情報については波長を含めた説明を行う。

1.1.2 電磁波の波長ごとの名称と特徴

電磁波は波長により特徴が異なる。図1-1に波長と名称を図示する。

(1) 可視光

人の視細胞が感じることができる光,可視光は380〜780nmの範囲である(図1-2)。短い波長から紫,藍,青,緑,黄,橙,赤と異なる色に見える。可視光より短い波長範囲は紫外線,長い波長範囲は赤外線である。国際照明委員会(Commission Internationale de l'Eclairage,以下CIE)では,可視光だけでなく,周辺の紫外線と赤外線を含む範囲を「光」として定義している。本書では,建築環境に関係する赤外線・紫外線の特徴を説明しているが,明記がない限り「光」は可視光を指すものとする。

(2) 短波長の電磁波

紫外線(Ultra-Violet)は可視光よりも短い波長の電磁波であり,約10〜380nmの範囲を指す(分野に

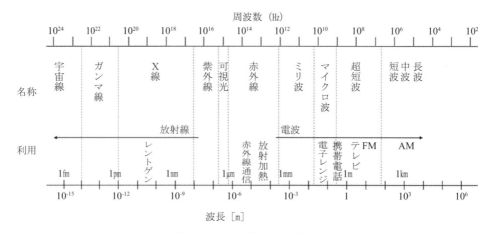

図 1-1　電磁波の名称と範囲，代表的な利用例

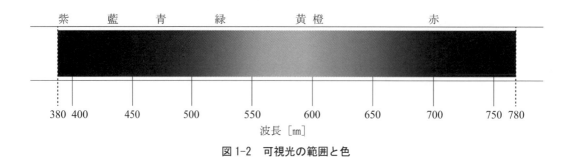

図 1-2　可視光の範囲と色

よる違いはある）。人体に対する影響から（詳しくは 1.3.5(2)，3.1.2）UV-A（320〜380nm）[1]，UV-B（280〜320nm），UV-C（280〜200nm），真空紫外線（10〜200nm）に分けられる。CIE では UV-A（315〜400nm），UV-B（280〜315nm），UV-C（100〜280nm）と分けている。

　紫外線より波長がさらに短くなると X 線や γ（ガンマ）線，宇宙線などが存在する。より強い化学作用があり，レントゲンなどの医療的利用が有名である。

(3) 長波長の電磁波

　赤外線（Infra-Red）は可視光よりも長い波長の電磁波であり，780nm〜1mm（＝ 10^6 nm）の範囲（学問によって多少分類が異なる）を指す。CIE では，IR-A（780〜1400nm），IR-B（1.4〜3μm），IR-C（3〜1000μm）と区分している。日本での区分では遠赤外線や近赤外線などがある。

　赤外線よりも波長が長いものは大まかに電波と区分され，波長の長さなどからミリ波，マイクロ波（波長の長さが μm だからではなく，研究当初（1930 年代）は電磁波の中で短い波長だったため小さいという意味で micro と命名されたとの説がある[2]），超短波，短波，中波，長波と区分されている。利用別に周波数帯を設けることで，電子レンジから携帯電話，テレビ，ラジオなど生活上欠かせない電波の利用を円滑に行っている。

1.1.3 光の挙動

光は均質な媒介の中を進むとき,直進し,最短の光路を通ることが知られている(Fermat の原理)。一方で,異なる性質の媒介が接している境界面において,挙動が変化する。境界面,例えば開口部に設置されているガラス面を例にとって説明する(図 1-3)。空気の屈折率を N_1,ガラスの屈折率を N_2 とおく。ガラス面に対して太陽光が①入射した場合,外気に接しているガラス面において②反射し,時にはガラス面が鏡のように映り込み現象を発生させる。また,光の一部はガラス面で③屈折して透過し,一部は熱エネルギーとしてガラスに④吸収される。またガラス面と室内側の空気の面でも反射・屈折が生じ,最終的に一部の光は室内へと⑤透過する。

光の挙動としては,上記に挙げた反射,屈折,透過,吸収の他に干渉,回折などがある。干渉は,波の挙動の1種で2つ以上の波の位相が強め合ったり,弱め合ったりする現象である。また,回折はスリットなどの小さな隙間を光が通過する際,スリット後方に回り込む現象である。いずれの場合も建築学における時間的,空間的スケールからするならば,細かな検討が必要な範囲ではない。以下,建築環境工学において重要となる反射と透過を中心に説明する。

1.1.4 反射

まず光の反射の特性,すなわち,入射光と反射光との関係を図 1-3 を用いて説明する。境界面に対する法線との角度をそれぞれ入射角 θ_1 と反射角 θ_2 とすると,$\theta_1 = -\theta_2$ であることが知られている。これは,2つの媒介の屈折率 N を用いた Snell の法則(式(1-1))が反射光においては,$N_2 = -N_1$ となるためである。

$$N_1 \sin\theta_1 = N_2 \sin\theta_3 \tag{1-1}$$

吸収がないと仮定した場合,入射光 $\theta_1 = 0°$ の反射率 R は式(1-2)のようになる。

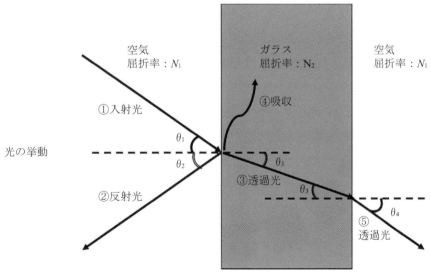

図 1-3 境界面での光の挙動

$$R=\left(\frac{N_2-N_1}{N_2+N_1}\right)^2 \tag{1-2}$$

例えば図 1-3 で示した状況のように,N_1 を空気の屈折率 1.0003,N_2 をガラスの屈折率 1.5 とした場合,反射率 R は 0.04 と算出できる。公表されている反射率は入射角度などの条件が明記されている。

(1) 全反射

屈折率がより大きい媒介から入射する場合(例えば図 1-3 のガラス右面から空気への光の伝搬),全反射という現象が起こり得る。全反射とは,屈折・透過することなく境界面においてすべて反射する状態であり,全反射が発生しうる閾値は臨界角(θ_c)と呼び,式 (1-1) において,$\theta_3=90°$ が成立する θ_1 である。

$$\theta_c=\sin^{-1}\frac{N_2}{N_1} \quad (ただし N_1>N_2) \tag{1-3}$$

さきほどのガラス面と室内空気との境界面の場合,$\theta_c=41.8°$ となる。すなわち,図 1-3 において,θ_3 が 41.8° よりも大きい場合,室内へと光は透過せずにすべて反射する。逆算すれば確認できるが,それを発生させる外気からの入射光 θ_1 は 90° となる。これはガラスを挟んでいる空気の屈折率が同一だからである。この全反射の原理を用いている身近な技術として光ファイバーがあげられる。全反射を繰り返すことでガラスケーブル内を光が効率よく反射しながら(透過や吸収によるエネルギー損失がなく)進むことができる。

(2) 反射面の特性

面の特性に応じて反射特性は異なる(図 1-4)。入射平面と同一平面,かつ図 1-3 で $\theta_1=-\theta_2$ となるように反射する場合を正反射といい,金属面や鏡面など光沢のある素材で生じる。一方,表面の凹凸などで拡散されることを拡散反射といい,マットな素材で生じる。照明の分野では,昼光光源や人工光源の直接光だけではなく,室内面による反射の影響を検討する。その場合,室内面が二次光源的な役割を果たすのだが,どの方向にどれくらいの光が反射したかを予測する必要が生じる。そこで単純化するために全方向に均一に反射する理想面を仮定する。このような理想的な反射特性を生じさせる面を「均等拡散面」と呼び,どの方向から見ても輝度(1.2.1 を参照)が均一になる面と定義されている。この理想面を用いると照明計算や予測を行うことが簡易になるため,照明シミュレーションなどでも均等拡散面であることが前提となっている場合が多い。一般的な素材では図 1-4B のように正反射成分と拡散反射成分が混ざっている場合が多い。

入射角に対する反射角の対応は先に述べた正反射と拡散反射などに分類されるが,物体面のどこで反射が起こるかに応じて表面反射と内部反射に分類される。金属面では光が透過しないため表面反射が発生する。同様に光沢のあるものでも真珠は複数層の各層で内部反射が発生し,色に深みを加えている。

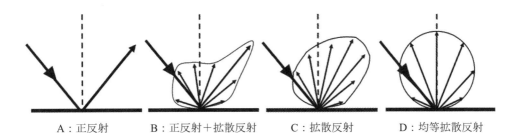

図 1-4　さまざまな面の反射特性

表 1-1　正反射材料の反射率（垂直入射の全反射率）[3]

材料名	反射率[%]	材料名	反射率[%]
アルミ特殊合金電解研磨面	90～95	透明ガラス	10～12
銅，鋼	50～60	ガラス鏡面（アルミ合金）	80～85

表 1-2　拡散性材料の反射率（45°入射の全反射率）[3]

材料名	反射率[%]	材料名	反射率[%]
全乳白ガラス	60～70	畳	50～60
すりガラス	15～25	淡色ビニールタイル	40～70
木材，オイルステイン	10～20	濃色ビニールタイル	10～20
石材一般	20～50	淡色カーテン	30～50
砂利，コンクリート，舗石	15～30	白漆喰壁	75～85

(3) 反射率

　反射率とは，入射したエネルギーに対して反射したエネルギーの割合を示したものである。先に述べたように，入射角が浅くなると正反射性が強くなるなど，入射角や面の凹凸によって反射の特性が異なる。そのため入射する光の特性と，光が入射する物質の反射の特性を明確にすることが重要である。一般的に用いられている反射率とは，入射光束（人の感度を加味した光のエネルギー；詳しくは1.2.1）に対する反射光束の比であり，視感反射率とも呼び，一般に ρ（ロー）で表す。建築分野において用いられる代表的な材料の反射率を表1-1・2に示す。

　電磁波は波長によってさまざまな特性が異なるように，電磁波に対する物体（光が照射される物）の反応も波長によって異なる（詳しくは2.1.4）。受照面の波長ごとの反射特性，すなわち面の分光特性として分光反射率や分光透過率などがあり，物の色に関係する特性である。

1.1.5　透過

　透過性のある代表的な建材は，開口部などに用いられるガラスである。ガラス面に入射する光の入射角により，反射率も異なり，透過した際の屈折も異なるため，最終的に室内へと透過する透過率も異なってくる。境界面の特性に応じて透過も同様に，図1-3に図示した幾何光学的な光線をたどるものを正透過といい，さまざまな方向に拡散するものを拡散透過と分類する。反射率同様，一般的な

透過率は入射光束に対する透過光束の比で表し、視感透過率と呼ばれ、一般に τ（タウ）で表す。物体内部での拡散性に応じて、透明、半透明、半拡散、拡散及び偏った方向性のある指向性と透過性状を分類できる。表1-3に主だった窓材料や窓装備の透過率を示す。

反射特性同様、入射角度に応じて透過特性が異なり、また波長によっても異なる。図1-5はガラスの種類ごとに入射角に対する透過率を示したグラフである。また各種板ガラスの波長による透過率の違い（分光透過率）を図1-6に示す。

表1-3 窓材料・窓装備の透過率（拡散入射に対する拡散透過）

材料名	厚さ [mm]	透過性状	透過率 [%]
透明ガラス	3～19	透明	83～90
高性能熱反ガラス	6	透明	8～66
すりガラス	3	拡散	90
型板ガラス	4, 6	拡散	89～90
乳白合わせガラス	3＋3	拡散	62～67
厚地カーテン	—	拡散	0.1～1
淡色薄地カーテン 濃色薄地カーテン	—	拡散	10～30　1～5
障子紙	—	拡散	35～50
大理石薄板	—	拡散	5～20

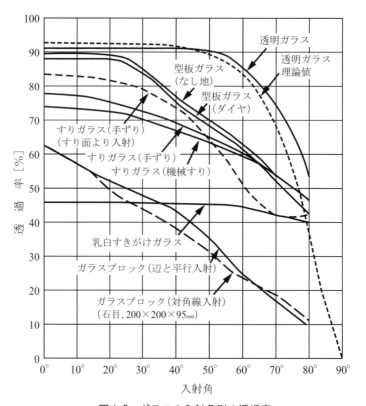

図1-5 ガラスの入射角別の透過率

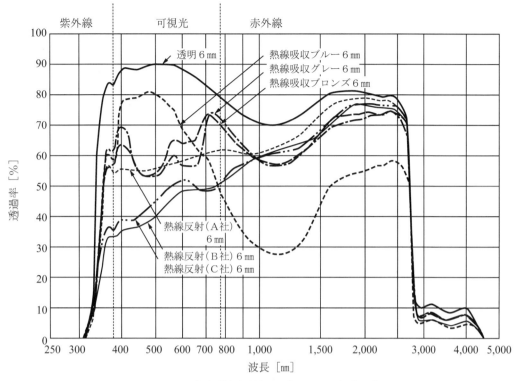

図 1-6　さまざまな種類のガラスの分光透過率

1.1.6　屈折・吸収

(1)　屈折

前述したように，異なる性質の媒介の中では光の進む速度が異なり，境界面において光路が屈折し，Snell の法則が成立することが知られている。光の速度は波長によって違いが生じるため，波長による屈折率の違いが生じ，ガラス等では分光（または分散）の現象がみられる。現象としては，プリズムによる分光の実験や虹などが挙げられる。

(2)　吸収

入射した光は反射，透過（屈折），もしくは吸収される。反射率と同様に，吸収率も波長により異なる。図 1-6 に示されている通り，透明ガラスは赤外線域の透過率は高いが，窓ガラスの中でも Low-E ガラスは遠赤外線領域の透過率を低めており，日射による熱負荷を軽減することができる（図 1-7）。

(3)　偏光

光の進行方向に対して垂直な平面で電場と磁場が振幅を繰り返しているが，ある方向に偏りが生じる場合がある（図 1-8）。その状態を偏光と呼び，自然光の中でもガラス面へ反射した光などは偏りが生じることが知られている。偏光フィルムは，ある特定の方向の光のみを透過させることができるため，偏光を作り出すことができる。偏光の原理を用いている身近な技術として 3D 映像があげられる。偏光フィルムを用いた眼鏡を着用して偏光された 2 種類の映像を見ると，左右別の映像として見るこ

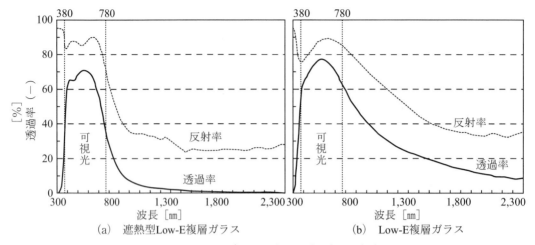

図1-7 Low-Eガラスの波長別透過率と反射率

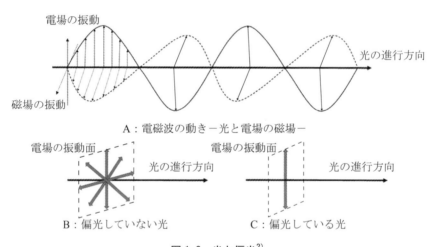

図1-8 光と偏光[2]

とができ，奥行きを感じることができる。液晶ディスプレイなどにも偏光の技術が用いられている。

1.1.7 色とは何か

色とは何かを語る上で「何の色であるか」は切り離せない。JIS Z8105-2000 には，視覚に関する色の用語として，「物体色，物体知覚色」，「表面色」，「開口色」，「発光（知覚）色」，「非発光（知覚）色，非発光物体色」が挙げられている。以下，「発光色」，「物体色」，「容積色」，「面色」，「開口色」について説明を加える。

(1) 発光色

光は電磁波の1種であると述べたが，電磁波の波長によって我々の眼が知覚する色は異なる。ある特定の波長のみがエネルギーとして存在するような単色光（レーザー光など）は別にして，現実はさまざまな波長の光が混ざった状態で存在しているため，主波長による記載，色温度（詳しくは2.3.3）

表記や混色の原理を用いて色を表現する。波長ごとのエネルギーを示したものを分光分布と呼び，光源により特性が異なっている。同様の色に知覚されたとしても分光分布が光源によって異なる。図1-9に例を示す（詳しくは4.2.1）。

光源から発せられたエネルギーから色を知覚する場合に「発光色」と呼ぶ。

(2) 物体色

物体色の場合，光源から発せられたエネルギーをその物体が反射，一部を吸収することで光源の色とは異なった色を発することができる。物体表面の光学特性として分光反射率があることを先に述べたが，光源の分光分布と物の分光反射率を掛け合わせた結果，物体表面からの反射光の分光分布が分かる。最終的に人がどの色と感じるかは，さらに視細胞の波長ごとの感じやすさも関係している（詳しくは1.3）。すなわち，赤いものが「赤い」と知覚されるためには，①その物を照らしている光源が発しているエネルギーに，赤の範囲（700nm付近）のエネルギーが十分にあり，②その物の反射特性（分光反射率）が赤の範囲を反射し，かつ他の波長範囲を吸収し，③見ている人の視細胞が赤の範囲の光を知覚し，脳内で「赤い」と知覚処理するという一連の流れが必要となる。各色の分光反射率を図1-10に示す。

(3) 容積色（透明色，空間色）

ビンに入れられた液体の色など限られた空間内で透過している色を容積色，透明色，空間色と呼ぶ。物体色の場合は，入射光に対して透過光はほとんどなく，反射か吸収される。一方，容積色もしくは透明色や空間色と呼ばれる色の様相は，入射光に対して透過光も存在する。ワイングラスに入ったロゼワインがよい例だろう。ロゼワインを通してみた視野はピンクがかり，入射光に対して長波長（赤）の範囲の波長を反射，透過していることが分かる。

(4) 面色

面色とは，容積色のように範囲が限定されたものではなく，青空のように距離感が曖昧な中で，色

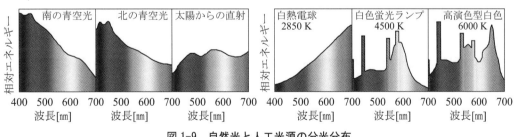

図1-9　自然光と人工光源の分光分布

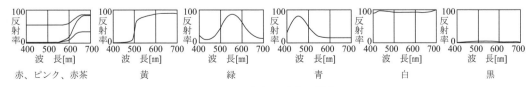

図1-10　各色の分光反射率

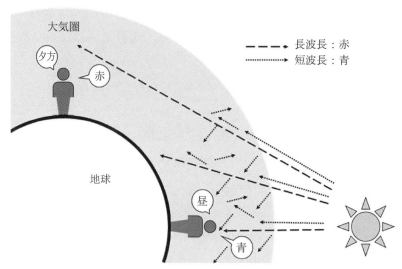

図 1-11 太陽の光と時刻による色の変化のモデル

が満ちている状態を指す。晴れた昼間の空は青く，夕暮れ時の空は赤いのはなぜなのか。太陽光が大気中の分子により散乱（レイリー散乱）する。短い波長の青の方が散乱されやすいため，青の光を感じて昼間の空が青く見える。一方，夕暮れ時は，太陽高度が低く，地球に対して浅い角度で太陽光が入射するため，日中よりも大気圏中の移動距離が長い。その結果，空気中のさまざまな物質に反射し，短い波長の紫や青が多く拡散されてしまうため，拡散されにくい長波長の赤が地表まで達し，赤く見えるとされている。図 1-11 に単純な太陽光の色の継時変化のモデルを示す。

(5) 開口色

色の知覚には光源の特性，物体表面の特性だけでなく，視細胞の特性，脳内での高次な情報処理が伴う。色を認識する際には，これまでの経験など「色」そのものではない情報から色を識別していることも多い。開口色とは，そのような周辺情報（光源の特徴や物体の特性，周辺色による対比）の影響を排除して色を知覚する方法のひとつであり，小さい開口を通して知覚する色のことである。

1.2 光と色の表現方法

1.2.1 測光量

光をデザインするためには，人の眼の特性と光源の特性に合わせた方法で光を測定し，規定する必要がある。その光の表し方を 5 つ紹介する。

(1) 光束

光束とは，光のエネルギー量を表しており，人の感じ方を考慮した心理物理量であることが特徴である。先に述べた通り，光源に応じて波長ごとのエネルギーが異なる。また，人の視細胞も波長ごとに感じやすさが異なる。人間の感覚にもたらす影響を検討するには，感じやすさに応じて補正する必

要がある。これらを踏まえ，以下のように光束 Φ は定義されている。単位は lm（ルーメン）とされている。K_m は最大比視感度であり，683lm/W と定められている。λ[nm]は波長であり，$\Phi_e(\lambda)$ は波長ごとの光源のエネルギーの関数[W/nm]，$V(\lambda)$ は波長ごとの標準比視感度（詳しくは 1.3.1）の関数を示している。

$$\Phi = K_m \int_{380}^{780} \Phi_e(\lambda) V(\lambda) \, d\lambda \tag{1-4}$$

光源の出力を示す際に用いられる指標であり，全方向に光源から発せられる人の視覚にとって有効なエネルギーを示している。

(2) 光度

点光源から発せられる光束のうち，特定の方向に向かっているものを示した指標として，光度が定義されている。単位立体角あたりの光束と定義される。単位は cd（カンデラ）（＝ lm/sr）であり，以下のように光度 I，光束 Φ，立体角 ω を用いて定義される。

$$I = \frac{d\Phi}{d\omega} \tag{1-5}$$

配光は点光源の方向別光度を示しており，光源から発せられる光の方向性を示し，光源の大きさはないものと考える。照明器具からの光の広がりを示す配光曲線は角度別の光度の値を分布で示したものである（詳しくは 4.5）。

視角は，図 1-12 に示した通り視点において視対象が張る角であり，見た目の大きさである。視角 θ[rad]は円弧 c[m]と視点を中心とする半径 r[m]を用いて次のように示される。

$$\theta = \frac{c}{r} \tag{1-6}$$

視角は二次元であるが，三次元に展開したものが立体角である。立体角は，見た目の面積，三次元の角度とも言い換えられ，単位は sr（ステラジアン）である。半径 1m の球体の表面積 1m²をなす角が 1sr と定義される。立体角 ω[sr]は半径 r[m]の球体表面上に投影した部分の面積 S'[m²] を用いて次のように表す。

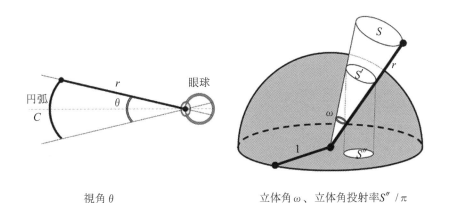

視角 θ　　　　　　　　　　　立体角 ω、立体角投射率 S''/π

図 1-12　視角，立体角，立体角投射率

$$\omega = S/1^2 = S/r^2 \tag{1-7}$$

一般的には視対象の面積と視対象までの距離を用いて概算される。さらに，ある測定面へ投影された面積を検討する場合（詳しくは2.2.1），測定面へ投影された面積との比率を示した立体角投射率を用いる。立体角投射率 C は，底円に投影された面積 S'' [m^2] と半径を用いて次のように示される。

$$C = S''/\pi \tag{1-8}$$

ランバートの余弦法則：均等拡散面上に入射した結果の反射特性，発光特性，透過特性はいずれも球面上に広がることを示す。法線方向を I_n，ある任意の角 θ に発せられた光度を I_θ とした場合，次式が成り立つ。

$$dI_\theta = dI_n \cos\theta \tag{1-9}$$

(3) 照度

照度 E とは，単位面積あたりに入射する光束量であり，単位は lx（ルクス）（= lm/m^2）で表される。

$$E = \frac{d\Phi}{dS} \tag{1-10}$$

面が照らされる度合い，すなわち作業面にあたる光の量を示していることから，作業に必要な明るさが担保されているのか，確認するための指標として設計で用いられる。JISの照明基準総則JIS Z9110-2010においても，空間用途や作業内容に応じた推奨照度が掲載されている（詳しくは5.2）。

余弦法則：受照面に対して入射する光が法線方向ではなく，角度をもって入射する場合，角度 θ 方向の照度 E_θ は法線方向の照度 E_n を用いて次のように表現される。

$$E_\theta = E_n \cos\theta \tag{1-11}$$

図1-13に示したように，エネルギー密度が同じ光が角度をもって入射すると，単位面積上では同じ量の光束が入らないため，$\cos\theta$ 分減じられる。これを余弦法則と呼ぶ。

(4) 光束発散度

光束発散度 M は，有機ELなどの面光源の光の強さを表す際に用いられ，単位面積あたりの光の量である。単位面積から発せられる光の量であり，次元は照度と同じ lm/m^2 であるが，面に入射する（照度）か，面から発せられる（光束発散度）かによる違いである。

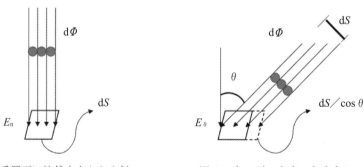

受照面に法線方向から入射　　　同じエネルギー密度、角度有り

図1-13　照度と余弦法則

$$M = \frac{\mathrm{d}\Phi}{\mathrm{d}S} \tag{1-12}$$

(5) 輝度

輝度は，光源もしくはある面の単位面積から任意の方向に発せられた光の量を表しており，単位は cd/m² (= lm/m²·sr) である。ある点を見た際に眼に入る光の強さを表しており，明るさ知覚との関連性が知られている。視点（観測点）と見ている面（測定対象面）の関係性（角度）によって測定値が異なるため（観測点の決定，光源や内装面の決定などが関係），明るさとの関係性が知られていながら設計段階で用いることはあまりなかった。照明シミュレーションの発達により，輝度値の予測が可能となり，輝度に基づく設計もなされつつある[4]。均等拡散面を仮定することで計算を簡易に行う場合もある。

輝度の定義を図 1-14 に示した。輝度とは単位面積の発光面から観測方向に向けて発せられる光の強さ（光度）である。観測方向の角度に応じて見た目の面積（$\mathrm{d}S\cos\theta$）が変わるため，次のように表される。

$$L = \frac{\mathrm{d}I_\theta}{\mathrm{d}S\cos\theta} \tag{1-13}$$

また輝度は次の図 1-15 のようにも示すことができる。

$$L = \frac{\mathrm{d}E}{\mathrm{d}\omega} \tag{1-14}$$

測定点と視点が同一の場合，輝度と眼球内で視対象が占める立体角との積は網膜上の照度となる。輝度が人の感じる明るさとの関連が深いことを，ここからも知ることができる。

1.2.2 測光量間の関係

1.2.1 で示した 5 つの測光量は，規定している光が異なるため，測る目的や対象に応じて用いる測光量を変える必要がある。測光量間の関係を知っていれば，直接測定できなくても関連から推定することができる。

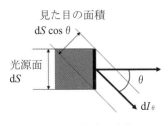

図 1-14 輝度の定義

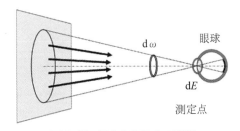

図 1-15 輝度と明るさの関係

(1) **光度と照度**：

(a)逆二乗則：光源からある方向に発せられた光（光度）がその方向にある面に当たる。光度の定義（式 (1-5)）と照度の定義（式 (1-10))，立体角の定義（式 (1-7)）を用いて，式 (1-15) のように関係性が整理される。受照面との距離が離れると，光源の見た目の面積（立体角）が小さくなるため，照度も小さくなる。

$$E = \frac{d\Phi}{dS} = \frac{d\Phi}{dS} \times \frac{dS}{d\omega \cdot r^2} = \frac{d\Phi}{d\omega} \times \frac{1}{r^2} = \frac{I}{r^2} \tag{1-15}$$

(b)点光源からの直接照度：余弦法則と逆二乗則を合わせて考えると以下のような式となる。点光源から発せられる光度 I [cd] と受照面での照度 E_θ [lx] は，光源と受照面との距離 r [m] と光度と受照面とのなす角（光の進行方向に対して法線面との角）θ [rad] を用いて表される。

$$E_\theta = \frac{I}{r^2} \cos\theta \tag{1-16}$$

(2) **照度と光束発散度**：光が単位面積に入射した光束量が照度，単位面積から発せられた光束量が光束発散度であることを踏まえると，入射した光束に対して反射した光束の比率を表した面の反射率 ρ や透過率 τ を用いて以下の関係式が成り立つ。

$$M = \rho E \tag{1-17}$$

$$M = \tau E$$

(3) **光束発散度と輝度**：単位面積から発せられた光束のうち，ある方向に限定された光を輝度として表す。均等拡散面はどの方向でも輝度が等しい面であるため，ランバートの余弦法則（式 (1-9)）が成立する。また，均等拡散面から発せられる光束は法線光度の π 倍（解説は 2.2.1 式 (2.12～2.15)) であることから，その面上の輝度 L [cd/m²] の定義（式 (1-13)）と光束発散度 M [lm/m²] の定義（式 (1-12)）を用いて次の関係で表される。

$$L = \frac{dI_\theta}{dS \cos\theta} = \frac{dI_\theta}{dS \cos\theta} \times \frac{dI_n \cos\theta}{dI_\theta} \times \frac{dS \times M}{d\Phi} \times \frac{d\Phi}{\pi dI_n} = \frac{M}{\pi} \tag{1-18}$$

(4) **照度と輝度**：均等拡散面上の照度 E [lx] と輝度 L [cd/m²] には，透過率 τ，反射率 ρ を用いて以下のように示される。

$$L = \frac{\rho}{\pi} E \tag{1-19}$$

$$L = \frac{\tau}{\pi} E \tag{1-20}$$

1.2.3 色の表現方法

色の表現方法について，代表的なものを紹介する。

(1) **慣用色名**：何の色であるかということに派生して分かりやすく色名が固有名称として付けられ

ているのが慣用色名である。「ねずみ色」や「うぐいす色」など想起されるだろう。

(2) **系統色名**：慣用色名では一対一対応となり，膨大な色名を覚えなければならないが，ある法則をもって色を表現する方法を系統色名という。基本の色名に加えて修飾語を付加する形となっている。基本の色名は「赤」「黄」「緑」「青」「紫」などであり，修飾語とは「鮮やかな」「くすんだ」などの色味に関するものと「明るい」「暗い」などの明るさに関するものがある。

(3) **表色系**：系統色名である程度の秩序をもって色を表現することが可能であるが，「赤」と「橙」の境目はどの辺りかなど，人による判断基準が異なるため，他の人にその色を正確に伝える場合には厳密な色の表現が求められる。系統色名をさらに数値などを用いて表現する方法が表色系である（表1-4）。

(a) 色の属性

色の特性を表現するのに必要な属性は3つあるとされている。任意の数値を用いて色が規定されるには，3つのデータが必要ということである。三属性とは，色合い，明るさ，鮮やかさであり，物体色の場合，色相，明度，彩度と表現され，光源色の場合は主波長，輝度，刺激純度と表現される。

(b) 表色系の種類—混色系

色を体系的に表す際に3つのデータの値（刺激値）によって規定する方法を用いているのが混色系（Color Mixing System）である。混色の原理としては，概念的にはエネルギーを足していく加法混色（白に近づく）と，概念的にはエネルギーの引き算である減法混色（黒に近づく）がある。

光源の色は加法混色の特性を持っている。パソコン画面の表記としてRGB（赤，緑，青）が用いられるが，これらは加法混色の三原色であり，三刺激の値でさまざまな色を作り出すことが可能である。CIEでは単色光を規定してその線型関数で色を表す方法としてRGB表色系を定義した（表1-4）（パソコン表記のものとは異なるため注意）。

減法混色の場合，絵の具やプリンターのインクなどが代表的である。減法混色の三原色はCMY（シアン，マゼンタ，イエロー）となっており，加法混色の三原色の補色の関係にある。

CIEが1931年に提案したRGB表色系では関数に負の値が発生する場合があるため，係数が正となるような仮想的な三原刺激（三原色のようだが，仮想であるためこのように表記）を設定した表色系にXYZ表色系がある。CIEによって規定されているため，CIE表色系とも呼ばれている。Yが測光的な役割を果たし，輝度値との関連が見られる。XとZは原理的には明るさを持たない色度を示す刺激として用いられる（詳しくは1.2.4）。他に数値の間幅が色度の差の感覚に沿うよう補正された等色空間での表色系に$L^*a^*b^*$や$L^*u^*v^*$などがある。それぞれL^*が明度，その他の2つの刺激を用いて色度を表す。

(c) 表色系の種類—顕色系

色の属性に沿った形で表記した表色系に顕色系（Color Appearance System）がある。系統色名のそれぞれの度合いを数値化したような体系となっている（表1-5）。代表的なものにマンセル表色系があり，色相をマンセルヒュー，明度をマンセルバリュー，彩度をマンセルクロマとして表記し，アルファ

表 1-4　代表的な混色系の表色系まとめ[5]

表色系	原理・特徴	式
RGB	混色系の三原色を用いた表記。各刺激度を表記	$L = l_r R + l_g G + l_b B$ を用いて各 RGB の等色関数が決定される R：700.0 nm G：546.1 nm B：435.8 nm
XYZ	仮想の三原刺激を設定し、人の知覚できる範囲を表現。Y は明るさの情報、X, Z と合わせて色の情報をもつ	$X = K_m \int_{380}^{780} P(\lambda)\bar{x}(\lambda)d\lambda$ $Y = K_m \int_{380}^{780} P(\lambda)\bar{y}(\lambda)d\lambda$ $Z = K_m \int_{380}^{780} P(\lambda)\bar{z}(\lambda)d\lambda$ K_m：最大視感度　683 [lm/W]
Yxy	XYZ 表色系をもとに、合成変数 x, y を算出。Y が視感反射率を、xy で色を表現する	$x = \dfrac{X}{X+Y+Z}$ $y = \dfrac{Y}{X+Y+Z}$
$L^*u^*v^*$	XYZ 表色系においては、数値の変化と波長間隔が均等ではないため、近づくよう補正された表色系。L^* が明るさ、残りで色を表現（CIE 1976 $L^*u^*v^*$）	$L^* = 116\left(\dfrac{Y}{Y_0}\right)^{\frac{1}{3}} - 16$　$\left(\dfrac{Y}{Y_0} > 0.008856\right)$ $L_m^* = 903.3\left(\dfrac{Y}{Y_0}\right)$　$\left(\dfrac{Y}{Y_0} \leq 0.008856\right)$ $u^* = 13L^*(u' - u_0')$ $v^* = 13L^*(v' - v_0')$ $u' = \dfrac{4X}{X+15Y+3Z}$　$v' = \dfrac{9X}{X+15Y+3Z}$ $u_0' = \dfrac{4X_0}{X_0+15Y_0+3Z_0}$　$v_0' = \dfrac{9X_0}{X_0+15Y_0+3Z_0}$ なお、X_0, Y_0, Z_0 は基準白色面を基準光源下で測定した値である
$L^*a^*b^*$	XYZ 表色系においては数値の変化と色の知覚の変化が同等ではないため、より色覚に近づけた表色系（等色空間）。L^* が明るさ、残りで色を表現（CIE 1976 $L^*a^*b^*$）	$L^* = 116\left(\dfrac{Y}{Y_0}\right)^{\frac{1}{3}} - 16$ $a^* = 500\left[\left(\dfrac{X}{X_0}\right)^{\frac{1}{3}} - \left(\dfrac{Y}{Y_0}\right)^{\frac{1}{3}}\right]$ $b^* = 200\left[\left(\dfrac{Y}{Y_0}\right)^{\frac{1}{3}} - \left(\dfrac{Z}{Z_0}\right)^{\frac{1}{3}}\right]$ $\left(\dfrac{X}{X_0}\right), \left(\dfrac{Y}{Y_0}\right), \left(\dfrac{Z}{Z_0}\right) > 0.008856$
CIECAM02	Brightness, Lightness, Colorfulness, Chroma, Saturation, Hue の 6 要因が関係。色順応などの知覚現象を考慮した表色系	

ベットと数値を用いて表現する（詳しくは 1.2.5）。その他にも、白、純色、黒を頂点とした正三角形を回転させた色立体を用いるオストワルト表色系やマンセル表色系を基に 12 のトーン（色調）による分類を配置した PCCS 表色系などがある。

表1-5 代表的な顕色系の表色系まとめ

表色系	色相環の表現体系	明度×彩度の表現体系	特徴	利用例
マンセル	R, Y, G, B, P と YR, GY, BG, PB, RP，10 までの数値	明度 10 段階 彩度は色相・明度によって異なる	色の特定（定位）にすぐれている	JIS
オストワルト	R, Y, G, B と間の O（橙），P（紫），T（青緑），LF（黄緑）を各 3 段階表記	白度（W），黒度（B），純色度（F）を％表記。WBFの 3 つの％の和は常に 100％	実験的に混色系のシステムに基づいて作成されたが，表記としては顕色系的表記。ヘリングの反対色説に基づく	
NCS	R, Y, G, B を各 10 分割	白度（W），黒度（S），不変色相の純度（C）を％表記。WSC の 3 つの％の和は常に 100％	オストワルトの後継と言われている。不変色相を使用し，それぞれの割合を表記することで，色見本がなくとも色の定位が可能なシステム	スウェーデンの工業規格
PCCS	24 色	12 のトーン（色調）による分類による	同一トーン配色など，色の組み合わせの際によく用いられる	日本色彩研究所体系

1.2.4 XYZ 表色系

混色系の表色系の代表として **XYZ** 表色系について詳しく述べる。先に述べたように仮想の三原刺激 X, Y, Z を以下の式に基づき設定している。Y は明るさを表現するため，$\bar{y}(\lambda)$ は標準比視感度曲線 $V(\lambda)$ と等しくなるように設定されている（図 1-16）。

$$X = K_m \int_{380}^{780} P(\lambda) \bar{x}(\lambda) d\lambda$$

$$Y = K_m \int_{380}^{780} P(\lambda) \bar{y}(\lambda) d\lambda$$

$$Z = K_m \int_{380}^{780} P(\lambda) \bar{z}(\lambda) d\lambda$$

K_m：最大視感度［lm/W］（= 683）

XYZ では三次元空間への表記となるため，一般的には以下のように作成した合成変数 x, y を用いて色度を表記する。Y は明るさ，x, y で色を表示するという方法となる（図 1-17）。

$$x = \frac{X}{X+Y+Z}$$

$$y = \frac{Y}{X+Y+Z}$$

x, y を用いて二次元表記したものを **xy** 色度図（図 1-17）と呼び，この図の帆のような形状の内側が人の知覚できる色とされている。白色は（0.333, 0.333）に位置し（$X=Y=Z$），帆の内側の曲線が黒体の温度に応じた色を示した「完全放射体軌跡」となっている。光源の色味を示すときに用いられる色温度とは，この黒体の温度に由来した値であり，太陽と発光原理が異なる光源からの光の色を表示する場合は近似的に相関色温度［K］として示す（発光原理が異なる光源でも色味を示すため。詳しくは 2.3.3，4.2.1）。

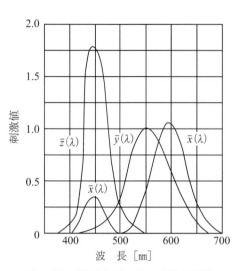
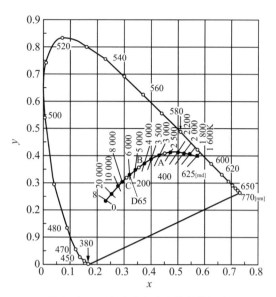

図 1-16　XYZ 表色系における等色関数　　　図 1-17　xy 色度図と完全放射体軌跡

　2 色の色を混ぜた場合，元の 2 色を xy 色度図上で表記し，それらを結んだ線上に混色の結果が表記される。元の色の混合割合で線分上の位置が特定される。補色を足し合わせると白色に近くなるわけであるが，白色 (0.333, 0.333) を中心として通る線分の両端が補色の関係にあるということを示している。

　XYZ 表色系は主に光源色の表示のために用いられるが，CIE が定めた測色用の標準光源を用いて照らせば，物体色の色も表示できる。標準光源とは A，C，D_{65} など種類があり，対応するものがそれぞれ A は白熱電球 (2900K)，C (6774K) と D65 (6504K) は昼光 (6500K) となっている。

1.2.5　マンセル表色系

　マンセル表色系は発明者である米国の A. H. Munsell に名前が由来している。1905 年に創案，1943 年に提案された改良版が現在使用されているものである。日本工業規格 JIS での物体色などの表示方法はこれに基づいたものである。

　色の属性である色相，明度，彩度に伴った表記方法である。色相は近い色が隣り合って円形に並ぶようにされており，色相環 (図 1-19) と呼ばれている。表記は色相 (Hue)，明度 (Value)，彩度 (Chroma) の順に HV/C と表記する (例えば 7.5R4/15)。色相は基本 5 色の赤 (R)，黄色 (Y)，緑 (G)，青 (B)，紫 (P) と中間色 (YR, GY, BG, PB, RP) の計 10 記号と，10 までの数値を組み合わせで表される。理論上は 100 区分であるが，一般的には数値を 2.5 刻みとした 40 区分の表記が用いられる。色相環の対角に存在する 2 色は補色関係にある。明度は 0 から 10 の値を取り，0 が理想的な黒，10 が理想的な白である。モノトーン，すなわち無彩色は彩度・色相の属性の情報がないため，頭文字の N の後に明度の値 (数値) を用いて表記する (例えば，N9.5 など)。彩度は色相，明度によって最大値が異なり，図 1-18 に記したように，色立体で表記した場合，いびつな形になっている。黄色は明度が高い範

囲の彩度が高く，赤や青などは明度が中範囲の色の彩度がもっとも高くなっている．ある色相の最大彩度の色を純色と呼ぶ（図1-20の断面の最左色）．

表色系の間には，条件によっては互換性があることが確認されている．視感反射率 Y [%] とマン

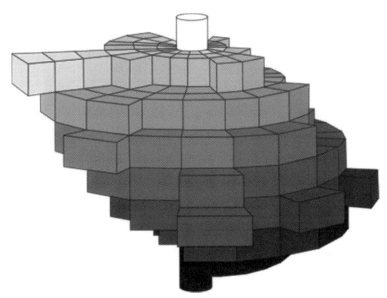

図1-18　色立体

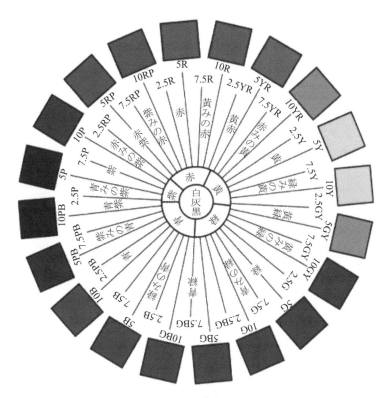

図1-19　色相環

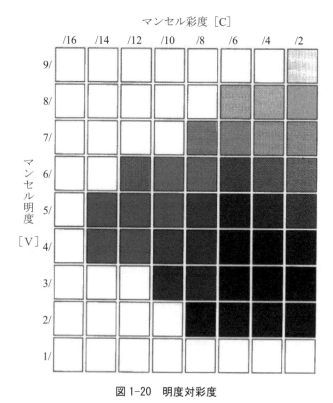

図 1-20　明度対彩度

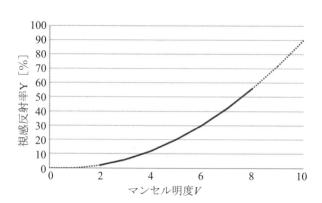

図 1-21　マンセル明度と視感反射率の関係

セル明度はいずれも色の明るさを示すが，図 1-21 に示すように，マンセル明度 V が 2〜8 の値の間では以下の関係が成り立つ．

$$Y = V(V-1) \quad ただし\ (2 < V < 8) \tag{1-21}$$

他にも対応式は存在するが，本式がよく用いられる．標準光源にて照射した物体の色も XYZ 表色系にて表記することが可能である．またその測定値を用いて $L^*a^*b^*$ や $L^*u^*v^*$ の値に換算できる．

1.3 光と色の効果

1.3.1 視覚情報処理

眼から取り入れる情報には，明るさ・色彩の知覚だけでなく，形や奥行きなど運動に必要な情報も含まれる。視覚は五感の内のひとつであるが，他の感覚より情報量が多いため，情報の取得の段階や処理の段階で情報を取捨選択していることなどが特徴として挙げられる。

(1) 眼球構造

一日の光環境は月明りから昼間の昼光まで幅広く変動をしている。それら幅広い明るさの状態に対応するため，2段階の調整を行っている。眼球の構造を図1-22に示す。

まず，眼球に入る光を調整する段階として，虹彩の収縮により，瞳孔の大きさを調整させる。明るいところでは絞り（最小直径2mm程度），暗いところでは開いて光をなるべく多く取り込む（最大直径8mm程度）ようにしている。光はその後，水晶体，硝子体を通り，網膜上で像を結ぶ。網膜上には視細胞が配列している。視神経が集まって脳へと繋がっている部分は視細胞がなく，盲点（視神経乳頭）となっている。それらの視細胞のうち，どの視細胞が反応するかを変えることで光に対する感度（感光度）を変化させ，明るさの変動に対応している（2段階目の調整）。視細胞は大区分として2種類ある。暗いところで優位に働く杆体（桿体）と明るいところで優位に働く錐体に分かれる。杆体は網膜の周辺部分，すなわち視野の内の周辺部分の見えに関係する。約1億2500万個あり，感度が高く，動きなど運動に敏感に反応する。しかし，1種類しかないため，色の知覚はできない。一方，錐体は SML の3種類存在し，感度が最大となる波長が異なる。短波長域に反応する S 錐体，中波長域に反応する M 錐体，長波長域に反応する L 錐体の3種類である。錐体は網膜上の中心窩付近，すなわち中心視野に関わる部分に約600万個ある。明るい所で優位に働き，形や色の知覚のための情報を取得する。3種類の錐体視細胞の分光感度をそれぞれ最大値で正規化した標準分光感度を図1-23に示す。

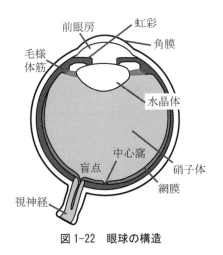

図1-22 眼球の構造

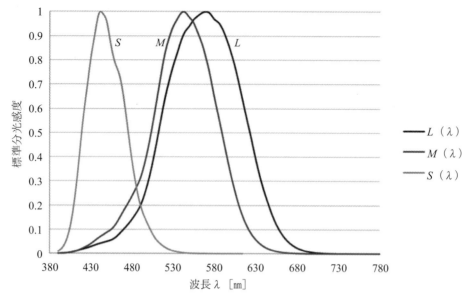

図 1-23　SML 錐体の標準分光感度

網膜上に配列している視細胞が光によって刺激され，電気的な信号を脳に送る。大脳皮質視覚野へ信号が送られ，視覚情報として知覚される。周辺視野（視野の周縁部）で視覚情報を取得しても色が見えなくなるという現象は起こらないが，これは周辺視野に関わる杆体が色を知覚できているということではなく，脳内で補完処理や視野内の映像構成がなされているためである。

(2) 順応

光の幅広い明るさのレンジに対応するため，瞳孔の大きさを調節したり，反応させる視細胞の変化により，網膜の感光度を変化させたりして対応している。感光度を変化させる，すなわち優位に働く視細胞を変化させることを「順応」と呼ぶ。暗い所を見るために視細胞の感度を高める状態へ移行する過程を「暗順応」と呼ぶ。逆に明るい所を見るために，視細胞の感度を落とす状態へ移行する過程を「明順応」と呼ぶ。明順応は早く移行する。一方，暗順応には錐体の感度を上げて，暗い所を見えるように変化させる過程と，杆体の働きを促す過程とがあるため，30分程度時間がかかるといわれている（図 1-24）。杆体の外節部にはロドプシン（Rhodopsin）と呼ばれる物質があり，光量子を吸収すると反応し変色する性質がある。このロドプシンの退色が引き金となり，生理的な機構が視細胞の感度の調整を行っていると考えられている。このような視物質が順応の主要因ではないことが明らかになっているものの，退色の再生過程の時間変化が順応状態の時間変化と酷似しているため，関連性があると思われている。杆体が優位に働いている状態を「暗所視」，錐体が優位に働いている状態を「明所視」，中間の状態を「薄明視」と呼び，光環境の状態と視細胞との働きを結び付けて状態を区分している。

周辺環境の明るさに順応している状態において，明るさの著しく異なるものを見るときに見にくくなる現象がおこる。シルエット（Silhouette）現象とは，明るい窓面を背にした人の顔が暗くて見にく

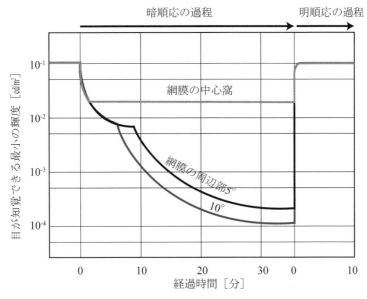

図 1-24 順応状態と時間変化

い状態を指す。これは，明るい窓面の輝度に順応している状態で，暗い視対象を見る場合に対比が著しく激しい場合に起こり得る。暗順応している状態で明るい視対象を見る方が逆の場合よりも見やすい。例えば，よしずを用いて室内外を区切る場合，室内から屋外は見やすいが，逆の屋外から室内は見にくくなる。

(3) 比視感度

視細胞によって分光感度，すなわち「波長に応じた感度」が異なる。視細胞が光を感じる度合いを示す視感度は単位時間あたりのエネルギーに対する反応の度合いを示したものであり，単位は lm/W である。可視光域 380〜780nm の中で，明所視の場合は 555nm の波長の感度がもっとも高く，683lm/W である。暗所視での最大視感度は 507nm における 1700lm/W であり，ピーク部分の波長と感度が異なる（感度は約 2.5 倍）という特徴がある。明所視と暗所視の視感度は，それぞれの最大視感度で基準化された標準比視感度が CIE により定められている（図 1-25）。

周囲の明るさの変化で色の見え方が変化する現象として以下の 2 つが代表的である。

- プルキンエ現象：標準比視感度曲線（図 1-25）のピークが明所視と暗所視で異なっているため，夕方徐々に暗くなるにつれて，短波長帯の感度が向上することで鮮やかにみえる。一方，長波長帯の感度が減少することでくすんで見えるようになる。
- ベゾルト・ブリュッケ現象：輝度によって色の見え方が変化する現象を指す。高輝度では，橙や黄緑は黄色味が増し，青緑や青紫は青味が増す。一方低輝度では，橙や赤紫は赤味が増し，黄緑や青緑は緑色に近づく。輝度によって見え方に変動が起きない色を不変色相と呼び，赤，黄，緑，青の 4 色である。

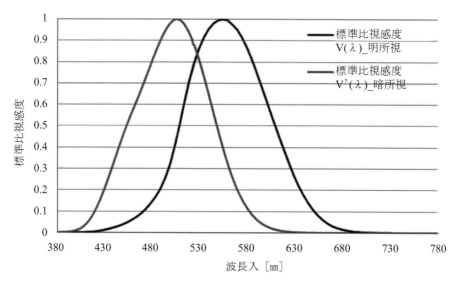

図1-25 標準比視感度曲線

(4) 視覚特性

ウェーバー・フェヒナーの法則：物理的刺激と感覚との関連について，ウェーバー・フェヒナーの法則が成り立つことが知られている。聴覚より当てはまりは良くないが，明るさ知覚などでは関係性が認められている。ウェーバーの法則は物理的刺激の増加率が一定であるとした法則である。すなわち，原刺激 S, ΔS を刺激の増分としたときに，相対弁別閾 K（大小の判断ができる最小刺激量である弁別閾と原刺激との比）との関係を以下のようにあらわせる。

$$\frac{\Delta S}{S} = K \tag{1-22}$$

一般的にはウェーバー比として知られ，刺激の種類や原刺激の範囲によってその値は異なる。

フェヒナーの法則は，ウェーバー比が感覚量の増分に比例すると捉えたものであり，ウェーバーの法則と合わせて，以下の式（1-23）がウェーバー・フェヒナーの法則として知られている。物理刺激が等比的に増加するとき，感覚量が等差的に変化することを示している。

$$R = k \log\left(\frac{S}{S_0}\right) \tag{1-23}$$

これらの心理特性と物理特性との関係性を踏まえた上で，測光量との関係性を解説する（詳しくは2.3）。

視覚特性の能力を測る指標のひとつに視力がある。ランドルト環（C字のもの）の欠損部分の弁別閾により測定する。視角を一定にするため距離を固定するのはもちろんであるが，明視性の他の条件に関係する測定時の明るさ，対比（白黒）も規定されている（詳しくは2.3.5）。近年では自動視力計を用いて測定する場合が多い。

視覚特性の別の指標としては，どの範囲が見えるかという視野がある。日本人の平均として，左右

が100°，仰角（上方）が60°，俯角（下方）が70°とされている。中心窩（半径視角2.5度）に錐体がもっとも多く分布し，注視点がカラーとして認識できる。周辺に行くにしたがって杆体が多く分布するようになる。光環境の分野では便宜上，2度と10度が区分として多く用いられる。2度は中心視，10度はより大きな視対象を対象とする場合に用いる。視野は静止状態か運動状態かによっても異なる。

視覚特性の特徴としては，外界の三次元の情報を眼の網膜上で像（二次元）に変換して情報を取り込み，脳で三次元の情報として再構成している。三次元の情報として再構成する，すなわち奥行き知覚は，物体の立体的な情報だけでなく，視対象までの距離の把握などを含む。左右の眼の見え方の違い（両眼視差），眼球の回転運動，評価者もしくは視対象の移動に伴う見え方の違いや，速度の違いなどの情報を基に脳内で処理されており，これに加え過去の記憶・経験の情報も用いられる。

見え方は個人差が大きく，加齢や眼精疲労によって影響を受ける。加齢により水晶体の弾力性の低下，硝子体の黄化や混濁化が生じる。また視細胞の視感度が低下することも知られている。これらにより焦点機能が低下し（いわゆるピントが合わない），暗い所で見えにくく，明るい所でまぶしく感じるなどの症状が現れる（詳しくは2.3.5）。疲労によって充血や目がかすむなどの症状が現れることがあるが，いくつかの原因が考えられる。過度な眼球運動や長時間の注視（遠方の緑を注視する場合には疲労があまり出ないことや高輝度だと短時間でも，疲労が発生するなどの例外はある），過度な対比のある光環境での作業などが原因として挙げられる。

(5) 色覚

色の知覚のメカニズムについてはさまざまな説が提唱されているが，ここでは代表的なものを紹介する。ヤング・ヘルムホルツの三原色説とは，Young（1802）による説とHelmholtz（1867）による説を合わせたもので，三色説（Trichromatic Theory）とも呼ばれている。表色系（1.2.3. 色の表現方法）において，3つの情報により色が定位できることを述べたが，三次元的に表現する取組みはA. S. Forsius（1611）までさかのぼるとされている。3つの錐体（*SML*）の存在が直接測定によって確認され，三色説が実証されたのは1967年（Tomitaら）になってからである。

次に，色対比や反対色の原理，残像現象など三色説により説明できない現象を説明しようとしてHering（1878）がヘリングの反対色説（Opponent-Colors Theory）を提唱した。これは緑と赤，青と黄を反対色の対として知覚するメカニズムがあることを提案しており，赤緑色や青黄色が存在しない理由を説明するものとなった。Jameson & Hurvich（1955）は自分らを被験者として，拮抗する反対色の対の反応量を定量的に示し，メカニズムの存在を明らかにした。現在では三色説と反対色説が段階的に生じることを示した段階説（Zone Theory）が有力である。初期の段階では三色説が，脳内での情報処理の過程で反対色説のモデルが適応できるとの説である。

各錐体の感度は個人差があるため，同じように色が知覚できているとは限らない。大きく見え方が異なる色覚異常には先天的または後天的な原因がある。見え方の違いを違いの程度（全色盲；1色覚，色盲；2色覚，色弱；異常3色覚）と種類（*L*錐体；1型，*M*錐体；2型，*S*錐体；3型）によって名称・

分類されている。多くは2色覚や異常3色覚であり，1型や2型が多い。日本人では男子が約5％，女子が約0.2％の頻度で発生しているが，多くは日常生活に問題がない程度である。

(6) 色順応

視細胞が周辺の明るさに順応するのと同じように，視細胞が色に順応する。近年では減少傾向にあるが，メンテナンスの難しいトンネルなどでは長寿命の低圧ナトリウムランプが用いられてきた。低圧ナトリウムランプはオレンジ色の光であり，トンネルに入るとすべてがオレンジ色のフィルタがかかったように見える。しかし，長いトンネルをしばらく走っていると，そのフィルタがなく周辺が元の色に見えているように認識され，これは色順応した結果である。

一方，白い壁は夕日で照らされ「物理的には」オレンジ色であったとしても，「白」であると認識される場合がある。既知の色に関しては，光源の色にかかわらず物体の色が白色光源で照らされた状態であると認識される場合があり，これを色の恒常性と呼ぶ。

加齢に伴い水晶体が黄変し，分光透過率が変化するので，低波長の青色など青年が識別できる色を識別できない場合があるが（5.4.2の図5-14），長期間にわたる色順応を行っているので，全体的な色の見えはあまり変わらない。

1.3.2 見やすさ

空間を快適にするための照明の目的には大きく分けて2つある。まずは視対象が正しく認識できること，すなわち明視性がある。次に空間の用途に即して整備するため，雰囲気性（演出性）（詳しくは1.3.3）も求められる。この2つの目的を達成するため，昼光照明と人工照明を合わせて計画する。視覚的に快適であることと省エネルギーによって達成されていることなどがさらに求められる。

(1) 明視性

明視の四条件は，視対象の大きさ，明るさ，視対象と背景の輝度対比，視認時間である。一つ目は視対象が大きいほど見えやすいことを示している。これは視野の中で占める割合（視角）を指し，視対象との距離も包含した概念である。二つ目は明るさであるが，視対象が明るいほど見えやすいことを指す。三つ目は対比であるが，これは視対象と周辺と，対比が大きいほど視対象が際立って明視性が高まることを示す。四つ目は時間であり，注視できる時間の長さが長いほど（視対象，観察者ともに動きがないこと）見やすいということを示す。時間は観察者の要因が大きいため，一般の視作業においては時間を除いた三要素を明視三要素（大きさ，明るさ，対比）として見やすさを評価する。

(2) 視認性

明視性とは，意識が向いた視対象の見えやすさを考慮する指標であるのに対し，視認性とは視線方向においてある対象を認識するかを考慮する指標である。眼を開けている時には視覚情報を取り入れ続けているが，すべての情報を意識しているわけではない。主にサインの評価の指標として使われ，配色と対比の影響が大きい。周辺との対比があるほど視認性が高まる。色相，明度，彩度の中でも明度の差が周辺とある方の視認性が良い。配色の中では黒地に黄色や白地に赤の視認性が高い。

(3) 誘目性

　視認性は視線方向にある対象物に関する指標であったが，誘目性はさらに広域の範囲において，眼を惹くか，また目立つかを示した指標である。同様にサインなどの評価に用いられ，色や配色の影響が大きい。一般的に高彩度の誘目性が高い。色相の中では赤がもっとも高く，青，緑と続く。黄色と紫は条件によるが，他の色も順応状態や背景の色によって変動する。

1.3.3 光の好ましさ

　好ましさにもさまざまな次元，側面がある。Hewitt の快適性に関する研究では，求められる性能の次元として Useful, Comfort, Pleasantness の3つがあるとした。求められる性能に応じた設計・評価が求められる。本項では用いられる評価項目と関連する事柄について記載する。各評価項目の定量的な定義や把握については第2章にて取り扱う。

(1) 明るさ知覚

　視対象の明るさ，空間の明るさが十分であるかを検討するため，人の知覚と測光量との関係性を示した明るさ感研究が多くなされてきた。多くは明視性の四条件の内の明るさと対比を項目として取り入れた指標を提案している（詳しくは 2.3.1）。

(2) 演色性

　視対象の色が正しく再現されているか，すなわち自然光の下で見る状態に近いのかを示した指標に演色性がある。物の色を知覚するためには，光源の分光特性が対象物の反射特性が高い波長を含んでいること，物の反射特性，さらに我々の眼の分光感度が関係している。演色性は特に光源の分光特性が自然光と比べて類似しているかを示した指標である。演色性の指標として平均演色性評価指数が長年用いられてきた（詳しくは 2.3.4）。

(3) グレア

　グレアは，光源などの高輝度のものが視野内に存在することによって，見にくさや不快感をもたらす現象である。グレアが視覚機能に与える影響による分類としては，不快感をもたらす不快グレアと，視認性が低下する効果をもたらす減能グレア（視力低下グレアともいう）に分けることができる。また，グレア源によって分類すれば，直接高輝度光源が視界に入る直接グレアと，ガラス面や反射率の高い面に光が反射したことによって発生する反射グレアに分けることができる。反射グレアの1種で視対象と反射光とが同一面に存在するかのように見える現象を光幕反射と呼ぶ。高輝度部分と周辺との輝度対比，高輝度部分の視野内での位置などを変数として定量化されている（詳しくは 2.3.2）。

(4) モデリング

　好ましく見えるというのは，多くが自然光の下で見える見え方に近いことに起因する。光の方向性の項目についても同様であり，斜め上から照らされている状態が一般的に自然に見えるものである。立体感を適正に整えることをモデリングといい，光の方向性や周辺と視対象の明るさの対比が関係する。怪談を話す時には懐中電灯を下から照らして不気味な雰囲気を演出するのは逆の効果を狙ったも

のである．拡散した光で照らすと凹凸が際立たず，平坦な印象となる．一方，指向性の強い光で照らすと凹凸の影が発生し，立体感が得られる．このバランスを検討するための指標としてベクトル・スカラー比がある（詳しくは 2.3.6）．

1.3.4 色の好ましさ

(1) 色彩感覚

色の好ましさを語る上で色彩がもたらす心理的影響について考慮するのは重要である．

(a) 色彩感覚：色彩によって感情や印象を引き起こすことを色彩感覚と呼び，暖色は暖かさ，寒色は冷たさを想起するのに代表される．高彩度のものが活気のある印象，低彩度のものが落ち着きをもたらすこと，高明度のものが陽気で低明度のものが陰気な雰囲気をもたらすことなどが知られている．

(b) 色彩連想：感情にとどまらず，抽象的な概念や具体的な物を連想させるに至ることを色彩連想と呼ぶ．例えば，菓子のパッケージに紫色，ピンク色，赤色，橙色が表示されている場合，多くの人はぶどう味，桃味，リンゴ味，オレンジ味であると連想するだろう．これらは具体的な物の連想となる．抽象的な概念の連想としては，例えば白が清潔感や神聖さを表し，黄色が希望を，紫が優雅さを連想させることを指す．

(c) 色彩象徴：色彩連想がさらにある社会において広く受け入れられている場合，色彩象徴として国旗や制度，特定の対象の象徴として用いられる．このように色の印象と色による視認性を高める効果を見込んでコーポレートカラーを設定する企業も多い．同業種で別の色を用いることで赤の○○は会社 A，青の○○は会社 B などと区別しやすくなる．

これら色彩と感覚との関連を考慮し，JIS では安全色を設定している．危険を知らせる赤や注意を促す黄色，安全を示す緑などが代表的である．安全色に用いる色は，マンセルによる色指定がなされている（詳しくは 5.4.1）．

(2) 色の知覚効果

色の見え方にもさまざまな効果があることが知られている．一部を簡潔に紹介する．

(a) 温熱感：色によって暖かさや冷たさの感覚がもたらされる．暖かい印象の色を暖色（赤系統の長波長の色相），冷たい印象の色を寒色（青系統の短波長の色相）と呼ぶ．

(b) 覚醒・緊張：暖色は興奮作用があり，興奮色とも呼ばれる．一方寒色は鎮静作用があり，鎮静色とも呼ばれる．

(c) 大きさ：一般的にも用いられるが，実際の大きさよりも大きく見える色を膨脹色と呼び，暖色，高明度の色がそれにあたる．一方，実際よりも小さく見える色を収縮色と呼び，寒色，低明度の色を指す．同様の効果であるが，膨脹色は周囲よりも飛び出して見えることから進出色，収縮色は周囲よりも遠くに見えることから後退色と呼ばれる．

(d) 重量感：一般に，高明度の色や暖色は軽く感じられ，低明度の色や寒色は重く感じられる．

(e)時間：ファーストフード店では回転を速めるために経過時間を長く感じる高彩度の暖色を用いるという話もあるが，実際の時間よりも長く滞在して満足するという効果が得られる。一方高彩度の寒色は経過時間が短く感じられ，実際の時間よりも短く感じられるため，待合室の内装などに有効である。

(f)面積効果：大きい面積に単色の色を配置すると，小さい色見本よりも明度・彩度ともに高くなったように見える現象である。また低明度・低彩度の色は大面積でより明度・彩度ともに低くなる傾向がある。建築においては，壁面・床面・天井面において単色を配置することがあるため，注意が必要である。

(g)記憶色：思い出は美化されると言うが，記憶の中で色は変化し，実際の色に比べて一般的には，より高彩度また高明度になる傾向がある。

(3) 配色の効果

多くの場合，色は複数で用いられ，隣接する2色の組み合わせによりさまざまな効果をもたらす。対比は隣接する2色の差が強調される。同時に隣接する2色を見る場合を同時対比，同時ではなく1色ずつ引き続いてみる場合を継時対比と呼ぶ。対比の種類には以下のようなものがある。

(a)明度対比：明度の異なる2色で高明度の方はより明るく，低明度の方はより暗く見える（図1-26）。中央の灰色は左右同じであるが黒に囲まれた方がより白く，白に囲まれた方がより黒く見える。

(b)彩度対比：彩度の異なる2色で，高彩度の方はより鮮やかに，低彩度の方はよりくすんでみえる。

(c)色相対比：類似した色相の2色が並んだ時，それぞれの差がより強調される。例えば赤と橙色が隣接する場合，赤はより赤く，橙色はより黄色味を増して見える。

(d)補色対比：補色関係にある2色が並んだ時，それぞれの彩度が高く見える。

これら対比に起因する現象をいくつか紹介する。

(e)マッハ効果：縁辺効果とも呼ばれるが，明度対比（輝度対比）が生じることで輪郭が際立つ現象。マッハ効果は側抑制の概念によっても説明される現象である。側抑制は，網膜上に光刺激が当たると興奮が誘導される部位と拮抗的に抑制が誘導される部位とが発生することを提唱している原理であるが，辺縁の存在によって側抑制が働き，際立って見えることになる。側抑制により輪郭検出が容易となり，階段の上り下りなど日常生活の行動を円滑に行うことができている（図1-27）。

(f)ハーマングリッド効果：黒地に白の格子柄の図形において，明度対比が生じるが，格子の交点の部分には部分的に対比が生じないことから交点の部分に黒い円形の影が見える現象。

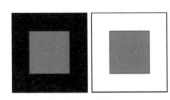

図1-26　明度対比

図1-27　マッハ効果

図1-28　同化効果

(g) リープマン効果：隣接する2色の明度差がない時，境界が曖昧になる現象である。高彩度の場合，ちらつきとして見える場合がある。

(h) 同化現象：隣接する2色の柄が一般的に大きい場合，対比の効果が見られる。一方，柄が小さい場合，逆の同化効果が見られる。同化現象とは，囲まれている色が囲んでいる色に近づくことを指す。例えば，スーパーなどで市販されているオクラを包装している緑のネットはその現象を利用しており，ネットを鮮やかな緑色にすることで，同化現象により中のオクラも鮮やかに見える（図1-28）。

1.3.5 視覚以外の効果

周辺の光環境は視覚以外にも効果を及ぼす。

(1) サーカディアンリズム

サーカディアンリズムとは，生体リズムであり，ヒトはおおよそ24時間で一周期である。このリズムに基づきホルモンの分泌などが行われ，体温や血圧など活動に応じて上下する。太陽光を浴びることでリズムを調整する（本来は25時間の周期を24時間に同調させている）ことが知られていた。2002年に第三の光受容体として内因性先感受性網膜神経節細胞（ipRGC細胞）を哺乳類が保有していることが発見された。この細胞は視覚情報を知覚するために用いるのではなく，取り込む光によって体内時計（サーカディアンリズム）を調整するなどの機能があることが確認されている。リズムが崩れると睡眠障害など身体の不調につながることが知られている。

(2) 紫外線域の影響

紫外線は可視光よりも短い波長の部分を指し，人体に対する影響を踏まえUV-A（315～400nm），UV-B（280～315nm），UV-C（100～280nm）の3つに区分されている。UV-Aは大気にあまり吸収されずに地表に到達する（太陽から排出される紫外線の5.8%）が，人体・生物への影響は少ない。UV-Bは大部分がオゾン層により吸収され，残りが地表に到達する（太陽から排出される紫外線の0.2%）ため，オゾン層の量に依存する。ビタミンDの生成を促進するなどの効果がある一方で材料の劣化，変色などをもたらす。UV-Cはほとんど上空のオゾンや酸素分子によって吸収されて地表には到達しないが，被爆した場合にはDNAを損傷するなど人体・生物への影響は大きい（詳しくは3.1.2）。

(3) 赤外線域の影響

赤外線は可視光よりも長い波長の部分を指し，紫外線同様に波長に応じて区分されているが，分野によって区分が異なるので注意が必要である。波長が短いものは加熱や赤外線カメラ，通信などに利用されており，長波長の物は放射加熱やレーザー加工に利用される。人体・生物には温熱効果が主であり，白内障の発生にも影響を与える。

参考文献

1) 平手小太郎：建築光環境・視環境，数理工学社，2011.

2)　江馬一弘：人に話したくなる物理　身近な10話，丸善株式会社，2006.
3)　板硝子協会　建築環境WG　情報提供　2016.12.
4)　照明環境基準刊行小委員会：日本建築学会環境基準AIJES-L0002-2016照明環境規準・同解説，日本建築学会，2016.
5)　大山正　他：感覚知覚ハンドブック，誠信書房，2013.

第 2 章 光と色の測定と計算，及び視環境評価指標

　良好な視環境の形成には，視覚刺激に基づいた視環境評価の的確な予測が必要である。そのためには視覚刺激の直接測定，あるいは，光環境を形成する光源の特性や物の特性などの環境条件に基づいた視覚刺激の予測計算が必要である。また，環境条件としての光源や物の光学特性の測光測色量の測定も必要となる。それらが可能となれば，視環境を評価できるだけでなく，目標とする評価が得られる光源や物体の仕様が決定可能となり，事前提案また改善提案として視環境設計が可能となる。

2.1　光と色の測定方法 ■■■■■■■■■■■■■■■■■■■■■■■■■■■■■

　光と色の測定は，視感測定と計測器による測定に大別される。かつて測光量は計測者が参照光と比較することで視覚的等価量を頼りに測定していたが，今では，計測器により人の明るさ知覚特性や色知覚特性を反映した測光測色量を測定可能である。物体色は顕色系の表色システムを利用した視感測色も行なわれている。

　計測器による測光は光電効果を利用した光センサへの入射光の検出により計測され，光センサ特有の応答特性による重み付け放射照度が計測される。計測器は光センサの応答から，人に視覚の分光応答特性にあった応答を得られるように，また，入射光に対するセンサの角度特性が照度や輝度などの測光量の種類に適するように入射光の制御や応答の演算を行っている。

　測光量や測色量は 1.2.3 に記された分光視感効率や等色関数[1]などの人の分光応答特性を反映する必要がある。その測定は，図 2-1 に示すような，対象光をプリズムや干渉格子により分光して，波長ごとに光センサにより分光放射を測定する分光放射測定式と，光センサの応答が特定の分光応答特性に合致する補正フィルタを通して測定する刺激値直読式に分けられる。分光放射測定式の測定器では，測定器に組み込まれた分光視感効率や等色関数などの演算結果が得られるだけでなく，分光放射量測定値に基づけば，任意の分光応答特性を反映した測光測色量を算出可能である。刺激値直読式の測定器は，内蔵の補正フィルタに応じた特定の分光応答特性に基づく定量のみが可能である。刺激値直読式は，分光放射式に比べ計測器は安価となるが，明所視の分光視感効率や，2°視野の等色関数を反映した計測器は市販されるものの，暗所視の分光視感効率や，10°視野の等色関数などに対応した計測器は普及していない。

　光計測器のセンサへの光の入射形態を図 2-2 に示す。照度計タイプと輝度計タイプに大別される。照度計タイプの計測器は受照面へのすべての方向からの入射光を，光センサの入射角に対する応答特性を補正し，入射角の余弦則（式 1-11）が成立するように製造される。網膜照度に対応する輝度（式

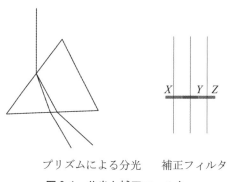

プリズムによる分光　　補正フィルタ

図 2-1　分光と補正フィルタ

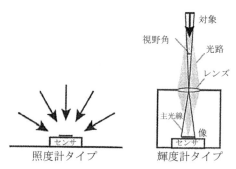

照度計タイプ　　　　　輝度計タイプ

図 2-2　計測機器における光センサへの光の入射形態

1-13) などを測定する輝度計タイプの計測器は，特定の視野角からの光量のみを計測している。

　内表面間の光伝達特性が特徴的な空間として，均等拡散性の内表面を有する中空球体である積分球がある。球状空間内表面の均等拡散性放射による内表面照度は一様になることから，積分球内の間接照度は内表面全体で一様になる性質がある（参照 2.2.2(1)）。この性質は，光源の発する全光束の測定 (2.1.1) に利用される。また，間接照度による球体内輝度分布の一様性から，物体の分光反射率の測定(2.1.4)において，あらゆる方向から光が物体表面に入射する拡散照明環境下に置かれた状態に整えることに利用される。

2.1.1　光源の発する光の測定

　光源からすべての方向へ放出される全光束は，内表面が均等拡散性で，可視光線の波長範囲の反射率が一様とみなせる積分球の内部に光源を設置し，直接照度を遮蔽した内表面位置で測定した間接照度から式 (2-24) により求められる。この積分球の大きさは，光源自体や，直接光遮蔽機構が球内表面の間接照度の一様性を阻害しないように，十分に大きくなくてはならない。

　光源から放射される光の光度分布を表す配光（光度分布）は，十分離れた位置に設置した照度計で計測された照度により距離の逆二乗則（式 (1-15)）から求められる。全方位の光度をひとつの光学計測系で測定する方法として，光源や照明器具を回転台と光計測器を組み合わせた種々の測定装置（ゴニオフォトメータ）などにより測定する方法がある。ランプの向きにより発光特性が異なる光源を内

蔵する照明器具等の配光は，器具の上下の向きは使用時と同一にして水平回転のみとし，光源を中心とした鉛直上から下まで半円状に照度計を複数個配置して測定した照度，あるいは，光源からの放射光を照度計方向に反射する反射鏡を光源周りに回転させて計測した照度から求められる。

2.1.2 照度，入射光の測定

対象面に入射する全光束の面積密度である照度は，一般には，明所視の分光視感効率による照度が刺激値直読式照度計により測定される。照度計は，センサ部への光の均等入射，及び入射角の余弦則（式 (1.11)）を実現するために，センサ部を覆う乳白球面を有することが多い。照射光の XYZ 三刺激値直読式で色温度の演算機能を有する色彩照度計や，明所視の照度や三刺激値だけでなく種々の分光応答特性を反映した指標値や，演色評価数など演算可能な分光放射照度計などもある。

対象面への指向入射光束は，対象面に面する半空間の輝度分布を測定し，その部分面要素からの入射光束を面光源による照度の計算 (2.2.1) により算出可能となる。全天空照度は直射日光を遮光した装置に設置した照度計で測定可能であるが，任意の窓方位別の窓面照度などはその地点で測定した天空輝度分布からも算出される。

2.1.3 輝度の測定

輝度は図 2-3 に示した特定の視野角からの光の計測により測定される。明所視輝度や XYZ 三刺激値用の直読式の輝度計や色彩輝度計と，分光放射測定式の分光放射輝度計などがある。現状市販の多くの測定器は，視野内の局所的な視野角内の平均の輝度，放射輝度を測定する機器であるが，カメラのように多数の受光素子を内蔵して輝度画像や色度画像を測定する二次元色彩輝度計も市販される。また，市販カメラで多重露出撮影し，撮影画像の画素階調情報と輝度や三刺激値との校正データに基づいた輝度・色度画像測定システムも市販され，使用者が独自に開発したものも運用される。

対象面における反射・透過特性値，及び反射・透過率や分光反射・透過率が既知あるいは別途測定可能な場合は，対象面の輝度は入射光の照度や分光放射照度測定値から推定可能である。

2.1.4 反射・透過光と，物体色や反射・透過特性の測定

対象面における反射・透過光は，2.1.1 に示した光度，あるいは，2.1.3 に示した輝度の計測により測定される。2.1.2 に示した入射光量に対する反射・透過光量の比率が反射率・透過率である。これらは一般に放射を明所視の分光視感効率で重み付けた光量の比率である。入射放射量に対する反射・透過放射量の比率である反射率や透過率と特に区別する場合は，視感反射率・視感透過率という。

対象面の反射率や透過率は入射光の分光組成によって異なる値となる。赤色面に赤色光を入射させると，多くの光を反射して反射率は高いが，青色光を入射させる多くの光は吸収され反射光はわずかとなり反射率は低い。一般に記される反射率や透過率は標準の光に対する値であり，相関色温度が 6500K の CIE 昼光である D65 を標準の光とすることが多い。物体色は，D65 基準光の下での三刺激

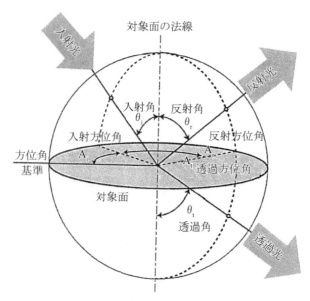

図 2-3　反射・透過特性の規定角

値や色度を色彩輝度計などで測定し，定量される。

　対象面の物体色を対象面固有の特性として記述するには，波長ごとの反射率や透過率である分光反射率や分光透過率を測定する必要がある。分光反射率は市販の分光反射率計などで測定可能であるが，照射光や反射光の指向性，また，正反射光成分を含むか否かなど種々の光学系を有する計測器が存在するので，計測値の利用目的に合わせた適切な機器の選択が必要である。

　材料面の反射率や透過率は，一般に，面に対する全方向からの入射光束に対する，出射面から全方向への反射光束や透過光束の比率である拡散反射率，拡散透過率を意味することが多い。一方，特定方向からの入射光束に対する，正反射，あるいは正透過方向の光束の比率を正反射率，正透過率ということがあり，入射光の方向によって異なる値となる。

　本来，反射率・透過率は図 2-3 に規定されるような入射方向（入射角，入射方位角）と反射・透過方向（反射角，反射方位角・透過角，透過方位角）の組み合わせよって異なる。その反射指向特性は BRDF（Bidirectional Reflectance Distribution Function），透過指向特性は BTDF（Bidirectional Transmittance Distribution Function）といった，特定の方向からの入射光による照度に対する出射方向の輝度の比などによって表される。これら特性を測定するには，対象面，あるいは，照射光源，測光量計測機器のいずれかを測定点周りに回転させて測光可能なシステム（ゴニオフォトメータ）により測定する。全方向の特性を測定するには四軸回転機構を備えたシステムが必要である。

　これら反射や透過の指向特性と，先の分光反射・透過を組み合わせて，分光反射指向特性や分光透過指向特性の測定や，それに基づく照明計算も可能であるが，必要なデータ数とその演算量は莫大となる。空間内での光の伝達や色の見え方の計算などの目的と必要性に合わせた特性値の設定が重要である。

2.1.5 物体色の視感測色

色彩輝度計や分光反射率計による物体色の測定は 2.1.4 に記した。一方，顕色系表色系を構成する色票を用いて，実環境下において，視感等色に基づいた視感測色も行われている。本来，顕色系表色系の色票群は特定の基準光源下においてそれらの色の見え方の系が保証されるが，観測者の色恒常性により基準光源と類似する照明光下においては基準光源下の色の見え方が保持されると考えられる。この仮定の下，視感測色では同一背景紙と同一照明の下で測色対象物と色票を観測し，同じ色の見え方になる色票を特定することで測色される。基準光と異なる照明光下での色の見え方の違いや，測定者の主観的判断などの誤差要因があるが，測定した色を目的に適した表色系上に直接配置できることから，環境色彩の調査などで多用される。

視感測色された物体色のマンセル明度 V から反射率 ρ を $V_x(V-1)$ ％として概算できる。

2.2 光と色の計算方法 ■■■■■■■■■■■■■■■■■■■■■■■■■■

照明の効果検証にあたり空間内の光の量を計算する照明計算法において，光の色や物の色が意識されることは少なく，測光量と物体における反射率や透過率（視感反射率，視感透過率）に基づいて光量を計算することが多い。実際にはその反射率や透過率は照射光の光色によって異なり，任意の光色に対する照明計算はさらに複雑になる。

一方，物体色を計算する際は，光色は黒体軌跡近辺のある程度の範囲に設定されるものの，第 1 章に記されるように，混色系表色では光量に相当する三刺激値の相対的な比によって明度や色度を求めることから，その計算過程において光の量が意識されることは少ない。

物体色を分光放射量や測光量から計算する方法は 1.2.3 に記述があるので，ここでは色の影響を反映しない照明計算法を記述する。色の影響を反映した照明計算は，その照明計算法での反射率や透過率を分光反射率や分光透過率とし，照明光の波長ごとの放射に対して照明計算し，その結果として得られる分光放射量分布から三刺激値や測光量を計算することで可能となる。

照明計算では，光源から受照面直接に入射する光である直接光と，室内表面に反射した後に受照面に入射する光である間接光を分けて考える。直接光は光源の配光の指向性，及び光源と受照面との位置関係の影響で空間分布が不均一な直接照度を形成する。間接光は空間分布が比較的均一な間接照度を形成するが，その量は空間内表面反射率に大きく影響を受ける。この空間分布の特徴と影響要因の違いが，直接光と間接光を分けて考える理由となる。

受照面の照度 E は直接照度 E_d と，間接照度 E_r の和になる。

$$E = E_d + E_r \tag{2-1}$$

室全体が均一に照明（全般照明）された室の作業面平均照度は，直接照度と間接照度の区別を意識せず，2.2.3(1)の光束法で計算できる。局部照明や多灯分散照明などを施した室の照度は，均一ではないため室内の各点について直接照度を計算（逐点法）し，別途計算した間接照度との和として照度

を計算する。間接照度は，作業面切断公式などで平均値は概算できるが，照明が極端に不均一な場合や，要求計算精度が高い場合は，2.2.2(3)の光束伝達法などにより計算される。計算結果の適用に照らした上で，適切な計算精度の計算法を選択する必要がある。2.2.3(2)では，簡易な昼光照明計算として，窓面（透明窓，拡散窓）による室内照度及び昼光率の計算法を例示する。

2.2.1 直接照度の計算方法

点光源による直接照度は 1.2.2 に記された通りとなる。光源から受照面方向への光度は，配光データ（4.5）などを用いることになる。

均等拡散性の面光源による直接照度 E_d は，発光面の輝度 L，あるいは，光束発散度 M [lm/m²] と，受照点に対する発光面の立体角投射率 C（図 2-4）として次式となる。

$$E_d = \pi LC = MC \tag{2-2}$$

輝度の異なる複数面による直接照度 E_d は，それぞれの輝度 L_i と受照点に対する発光面の立体角投射率 C_i として次式となる（i は面番号）。

$$E_d = \pi \Sigma L_i C_i = \Sigma M_i C_i \tag{2-3}$$

・垂直，平行関係にある矩形要素の立体角投射率の算定

矩形面と垂直または平行関係にある面上の対象点に対する矩形面の立体角投射率は，対象点から面に下ろした垂線の足を頂点とする矩形面であれば，図 2-5 より読み取るか，式 (2-4)，式 (2-5) により計算できる。

図 2-6 の垂直関係，平行関係にある対象点に対する矩形面の立体角投射率は次式となる。

$$垂直関係：C_v = \frac{1}{2\pi}(\beta_0 + \beta_1 \cos\delta_1) \tag{2-4}$$

ただし，$\beta_0 = \tan^{-1}\dfrac{x}{z}$, $\beta_1 = \tan^{-1}\dfrac{x}{\sqrt{y^2+z^2}}$, $\cos\delta_1 = -\dfrac{z}{\sqrt{y^2+z^2}}$

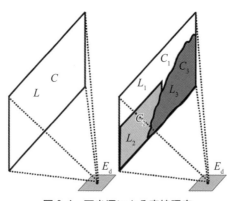

図 2-4 面光源による直接照度

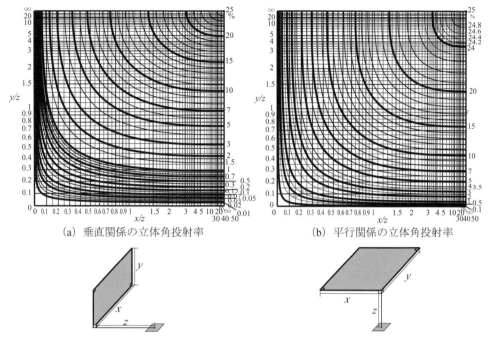

(a) 垂直関係の立体角投射率　　(b) 平行関係の立体角投射率

図 2-5　面に下ろした垂線の足を頂点にもつ矩形面の立体角投射率

平行関係：$C_\mathrm{h} = \dfrac{1}{2\pi}(\beta_2 \cos\delta_2 + \beta_3 \cos\delta_3)$ (2-5)

ただし，$\beta_2 = \tan^{-1}\dfrac{y}{\sqrt{x^2+z^2}}$, $\beta_3 = \tan^{-1}\dfrac{x}{\sqrt{y^2+z^2}}$, $\cos\delta_2 = \dfrac{x}{\sqrt{x^2+z^2}}$, $\cos\delta_3 = \dfrac{y}{\sqrt{y^2+z^2}}$

垂線の足から離れた位置にある矩形面の場合は，対象点のある面に面する矩形面について，垂線の足を頂点とする矩形面の面積の加減算に成立する関係と同様に，立体角投射率を加減算して得られる。図 2-7 に示した点 P から面 S に下ろした垂線の足を頂点とした同一面上の矩形面 S_0, S_1, S_2, S_3 とすると，それらの面積に次の関係が成立する。

$S = S_0 - S_1 - S_2 + S_3$ (2-6)

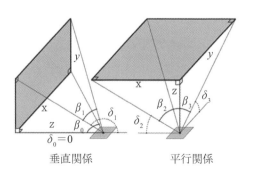

垂直関係　　平行関係

図 2-6　矩形面と点との幾何学的関係

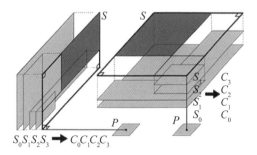

図 2-7　垂直，平行関係にある矩形面の立体角投射率の計算方法

点 P に対するそれらの面の立体角投射率を C_0, C_1, C_2, C_3 を用いて，面 S の点 P に対する立体角投射率 C は次式となる．

$$C = C_0 - C_1 - C_2 + C_3 \tag{2-7}$$

・面光源から微小面への光束伝達

　面光源による直接照度の式 (2-2) は，面光源から微小面への光束伝達を考えることで得られる．その直接照度は面光源を微小面要素に分割し，個々の微小面を点光源として式（1-12）による直接照度を求め，それらを積算することで得られる．

　図 2-8 に示す全面が一様輝度 $L_j [\text{cd/m}^2]$ で光束発散度 $M_j [\text{lm/m}^2]$ である均等拡散面 j による，面 i 上の微小面 di の直接照度 E_{jdi} を考える．

　面 j 上の微小面 dj から面 di 方向への光度を $dI_{djdi} [\text{cd}]$，両面の距離を $r_{didj} [\text{m}]$ とする．面 dj（面積 dS_j [m^2]）による面 di の直接照度 dE_{djdi} は，点光源による直接照度の算定式（1-16）と，輝度の定義式（1-13）から得られる関係 $dI = L_j/(dS_j \cos\theta_j)$ とから，次式で表せる．

$$dE_{djdi} = \frac{dI_{djdi} \cos\theta_i}{r_{djdi}^2} = \frac{L_j \cos\theta_i \cos\theta_j}{r_{djdi}^2} dS_j \tag{2-8}$$

　面 j による照度 E_{jdi} は上式を面積 S_j の範囲で積分し，均等拡散面における光束発散度と輝度の関係（式（1-18）），式（2-15）から次式となる．

$$E_{jdi} = \int_j dE_{djdi} = L_j \int_{S_j} \frac{\cos\theta_i \cos\theta_j}{r_{djdi}} dS = M_j \int_{S_j} \frac{\cos\theta_i \cos\theta_j}{\pi r_{djdi}} dS \tag{2-9}$$

　微小面 di に対する面 j の幾何学的な関係である立体角投射率 C_{jdi} を

$$C_{jdi} = \int_{S_j} \frac{\cos\theta_i \cos\theta_j}{\pi r_{djdi}} dS \tag{2-10}$$

とすることで次式が成立し，式（2-2）の関係が得られる．

$$E_{jdi} = \pi L_j C_{jdi} = M_j C_{jdi} \tag{2-11}$$

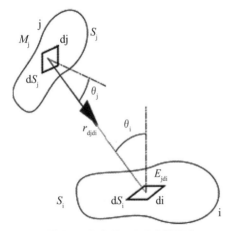

図 2-8　面光源による直接照度

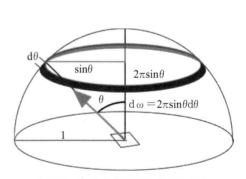

図 2-9　角 θ 方向の円環帯の立体角

・均等拡散面における光束発散度と輝度の関係

均等拡散面の微小面 dS（面積 $dS[\mathrm{m}^2]$）の発散光束 $d\Phi[\mathrm{lm}]$ を考える。

微小面が均等拡散面で法線方向の光度 dI_n のときにランバートの余弦則（式 (1-9)）から θ 方向の光度は $dI_\theta = dI_\mathrm{n}\cos\theta$ となり，その輝度 L は次式のように角 θ によらず一定となる。

$$L = \frac{dI_\theta}{dS\cos\theta} = \frac{dI_\mathrm{n}}{dS} \tag{2-12}$$

この輝度により，θ 方向の光度 dI_θ は次式となる。

$$dI_\theta = LdS\cos\theta \tag{2-13}$$

図 2-9 中の網掛は微小面 dS から角 θ 方向の幅 $d\theta$ の単位球面の円環帯を示し，円周と幅の積で得られるその面積が立体角 $d\omega = 2\pi\sin\theta d\theta$ となる。微小面から円環帯に発散される光束 $d^2\Phi$ は光度と立体角の積で表され，次式となる。

$$d^2\Phi = dI_\theta d\omega = 2\pi LdS\cos\theta\sin\theta d\theta \tag{2-14}$$

$d\Phi$ は $d^2\Phi$ を θ が $0 \leqq \theta \leqq \pi/2$ の範囲で積分して得られ，光束発散度 M は次式となり，式 (1-18) が成立する。

$$M = \frac{d\Phi}{dS} = \frac{\int d^2\Phi}{dS} = 2\pi L \int_0^{\frac{\pi}{2}} \cos\theta\sin\theta d\theta = \pi L \tag{2-15}$$

・立体角投射率

面 i 上の点 di に対する面 j の立体角投射率 C_jdi は，図 2-10 に示すように点 di に対する面 j の立体角（S_j'：単位球面上の面積に相当）を面 i に投射（正射影）した面 j'' の面積 S_j'' の半球底面積 π に対する比率であり，次式となる。

$$C_\mathrm{jdj} = \frac{S_\mathrm{j}''}{\pi} \tag{2-16}$$

上式のように立体角投射率は S'' の面積計算により得られることから，図 2-7 に示したように，その面積が複数面の面積を加減算で得られる面の立体角投射率は，その複数面の立体角投射率の面積同様

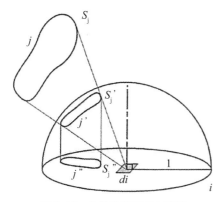

図 2-10　立体角投射率の定義

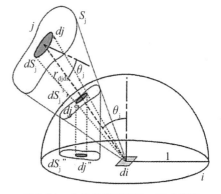

図 2-11　立体角投射率の一般式導出

の加減算で得られる。

図 2-11 のように j 面上に面積 dS_j の微小面 dj を考え，その di に対する立体角投射率 C_{djdi} を考える。C_{djdi} は微小面 dj を単位球面上へ射影した面 dj'（面積 dS_j'）を，i 面に投射（正射影）した面 dj'' の面積を π で除した値である。dS_j' は di に対する dj の立体角となることから $d\omega_j$ となり，C_{jdi} は C_{djdi} を j 面ついて積分した値となり次式から式（2-10）が導出される。

$$C_{jdi} = \int_{\omega_j} \frac{d\omega_j \cos\theta_i}{\pi} = \int_{S_j} \frac{\cos\theta_i \cos\theta_j}{\pi r_{djdi}^2} dS_j \tag{2-17}$$

・錐面積分による立体角投射率の計算

図 2-12 において面積 S_j'' は，受照点 di を頂点とし dl を底辺とした扇形要素の単位半球による切断面（図中網掛）の面積を dA'，dA' を底円に正射影した面の面積を dA'' とし，その錐面（境界）積分で表せることから，立体角投射率 C_{jdi} は次式となる。$d\beta$ は扇形要素と単位半球との交線，δ は扇形要素面と底面とがなす角度である。dA' は底辺が $d\beta$ で高さが 1 の三角形の面積である。

$$C_{jdi} = \frac{S_j''}{\pi} = \frac{1}{\pi} \int_{S_j''} dA'' = \frac{1}{\pi} \int_{S_j} \frac{d\beta}{2} \cos\delta \tag{2-18}$$

面 j が多角形要素の場合の立体角投射率 C_{jdi} は，各辺が受照点に対して張る角度 β_k，各辺と di とを含む面が面 i となす角度 δ_k として次式となる。

$$C_{jdi} = \frac{\Sigma d\beta_k \cos\delta_k}{2\pi} \tag{2-19}$$

図 2-6 に示す関係にある対象点に対する矩形面の立体角投射率は上式に基づいて式（2-4）（2-5）となる。式中には図中垂直関係では角 β_0, β_1 に対応した辺，平行関係では β_2, β_3 に対応した辺についての項が見られる。他辺についての項は $\delta = \pi/2$ で $\cos\delta = 0$ から 0 となり加算不要となる。

2.2.2 間接照度の計算方法

間接照度は，空間を構成する内表面間で反射を繰り返す相互反射の結果として生じ，表面の反射特

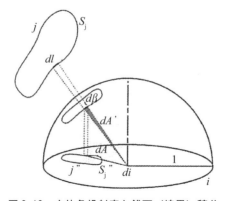

図 2-12 立体角投射率と錐面（境界）積分

性に依存することから計算は容易でない。間接照度は直接照度に比べ，分布が一様に近く，概して小さいことから平均間接照度として，球状空間と仮定して略算，あるいは，凹空間の等価反射率を持つ無限平行二面と仮定して得られる作業面切断公式により略算されることがある。間接照度の空間内分布を，光束保存を成立させた上で計算するには，光束伝達法による計算が必要になるが，光線追跡法（レイトレーシング法）によっても概算される。間接照度の空間内分布の計算については概略を示す。

(1) 球状空間と仮定した場合の間接照度

均等拡散性の球体内面の間接照度は均一となることから，空間を内表面積 $S[\text{m}^2]$，及び平均反射率 ρ_m が等しい球と仮定して相互反射を解くことで，空間内の平均間接照度 $E_\text{r}[\text{lx}]$ は発散光束 $\Phi[\text{lm}]$ と関係づけて，次式で表せる。

$$E_\text{r} = \frac{\rho_\text{m}\Phi}{(1-\rho_\text{m})S} \tag{2-20}$$

この式は，間接光として供給される光束（球体内表面にて一回反射した光束 $\rho_\text{m}\Phi$）と，間接光として球体内面に入射して吸収（球体内表面の吸収率は $1-\rho_\text{m}$）される光束について，次式が成立することから得られる。

$$\rho_\text{m}\Phi = E_\text{r}(1-\rho_\text{m})S \tag{2-21}$$

・均等拡散性の球体内面の間接照度の均一性について

内面が均等拡散性の場合に，輝度 L_j，光束発散度 $M_\text{j}(=\pi L_\text{j})$ の球体内微小面 dj の発散光束による微小面 di の照度を考える。di，dj 面は図 2-13 の位置関係にあり，dj → di 方向の光度は式（2-13）の関係から dj 面の輝度 L_j により d$I_\theta = L_\text{j} \text{d}S_\text{j} \cos\theta$ となる。

dj 面による di 面の照度は，それらの距離 R と点光源による照度（式（1-15）），球内表面積 $S = 4\pi r^2$ より次式となる。

$$\text{d}E_\text{di} = \frac{\text{d}I_\theta}{R^2}\cos\theta = \frac{L_\text{j}\text{d}S_j\cos\theta}{(2r\cos\theta)^2}\cos\theta = \frac{L_\text{j}\text{d}S_\text{j}}{4r^2} = \frac{\pi L_\text{j}\text{d}S_\text{j}}{S} = \frac{M_\text{j}\text{d}S_\text{j}}{S} \tag{2-22}$$

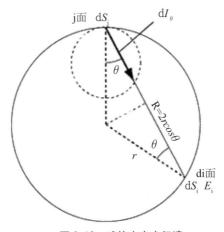

図 2-13　球体内光束伝達

dE_{di} は di 面の位置，すなわち θ に関わらず一定値となり，dj 面による球体内面の照度は均一である。この関係から球体内面の均等拡散性の光源面による直接照度は均一となることがわかる。

間接照度は球体内表面の発散光束を二次光源と考えた時の照度であり，di 点における球体内面の間接照度 E_r は，dj 面による照度 dE_{di} を dj について積分して球内面全体 S からの照度として，次式となる。

$$E_r = \int dE_{di} = \frac{1}{S} \int_S M_j \, dS_j \tag{2-23}$$

$\int_S M_j dS_j$ は球体内面位置に関わらず一定となることから，球体内面の直接照度の分布に左右されず間接照度は均一となる。

この性質を利用して，積分球の内部に光源を配置あるいは，測定対象光を入射させて，球体内表面の間接照度を測定し，式 (2-21) の関係から得られる次式で光源や入射光の光束 Φ を測定する (2.1.1 参照)。

$$\Phi = \frac{E_r(1-\rho_m)S}{\rho_m} \tag{2-24}$$

(2) 作業面切断公式による間接照度

一般的に室内表面の反射率は，天井面は高く，床面は低いことが多い。昼光照明された室や，人工照明で直接照明が主となる室など，天井面の入射光束は小さく反射率が高く，吸収される光束は比較的少ない。一方，室床面は入射光束は大きく反射率が低く，吸収される光束が多い。その結果，上方空間に比べ下方空間で，間接光の源となる反射光束が少ない。球状空間と仮定した間接照度計算式 (2-20) では室内面の反射率や入射光束を均一と仮定するため，この光束減少の不均等さを反映できず，間接照度を大きく見積もり，計算精度が低くなる。これを簡易に改善し，作業面上下の空間の反射率や入射光束の組合せの違いを反映可能な間接照度計算方法として作業面切断公式を用いる方法がある。

作業面切断公式は，図 2-14 に示すように，室を作業面 (面積 $A[\text{m}^2]$) で 2 つの凹空間に切断し (b)，凹空間を等価反射率 ρ_{e1}, ρ_{e2} を持つ二面とし (c)，それらを無限平行二面として (d)，それぞれに入射する光束を Φ_1, $\Phi_2[\text{lm}]$ として相互反射を解くことで間接照度を計算する。作業面の間接照度は，II 面か

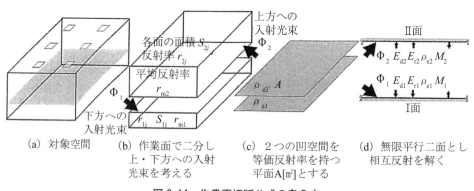

図 2-14 作業面切断公式の考え方

らの入射光による間接照度で E_{r1} となり，次式となる。

$$E_{r1} = \frac{\rho_{e2}(\Phi_2 + \rho_{e1}\Phi_1)}{A(1-\rho_{e1}\rho_{e2})} \qquad (2\text{-}25)$$

下部と上部の凹空間の等価反射率 $\rho_{ei}(i=1,2)$ は，下部と上部の凹空間の内表面積 S_1, $S_2[\text{m}^2]$，平均反射率 ρ_{m1}, ρ_{m2} として次式となる。

$$\rho_{ei} = \frac{\rho_{mi}A}{S_i - \rho_{mi}(S_i - A)} \qquad (2\text{-}26)$$

平均反射率は，内表面の各部位の反射率 ρ_i，面積 S_i として次式となる。

$$\rho_m = \frac{\Sigma S_i \rho_i}{\Sigma S_i} \qquad (2\text{-}27)$$

・無限平行二面間の相互反射

図 2-15(d) の面 I の間接照度 E_{r1} は面 II の発散光束による照度であり，面光源による照度の式 (2-2)，及び面 I に対する面 II の立体角投射率が 1.0 になることから，面 II の光束発散度 M_2，直接照度 E_{d2} として，次式となる。

$$E_{r1} = M_2 = \rho_{e2}(E_{d2} + E_{r2}) \qquad (2\text{-}28)$$

面 II の間接照度 E_{r2} は，面 I の光束発散度 M_1 として次式となる。

$$E_{r2} = M_1 = \rho_{e1}(E_{d1} + E_{r1}) \qquad (2\text{-}29)$$

これらの式を E_{r1}，E_{r2} を未知数とした連立方程式として解き，次式を得る。

$$E_{r1} = \frac{\rho_{e2}(E_{d2} + \rho_{e1}E_{d1})}{1 - \rho_{e1}\rho_{e2}} \qquad (2\text{-}30)$$

面 I，II を二面間の距離に対して十分に大きい面積 A を持つ面とし入射光束 Φ_1，Φ_2 とすると，$E_{d1} = \Phi_1/A$，$E_{d2} = \Phi_2/A$，となり式 (2-25) が導出される。

・凹空間の等価反射率

図 2-15 に示す凹空間の等価反射率 ρ_e は，凹部での入射光束 Φ_i に対する反射光束 Φ_r の比であり，次式となる。

$$\rho_e = \frac{\Phi_r}{\Phi_i} \qquad (2\text{-}31)$$

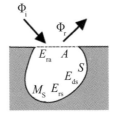

図 2-15　凹部空間の測光量と面積

開口内面の平均間接照度 E_{ra} は内表面の発散光束による照度となり，開口内面に対する内表面の立体角投射率が 1.0 となることから次式が成立する．

$$E_{ra}=M_s=\rho_m(E_{ds}+E_{rs})=\rho_m\left(\frac{F_i}{S}+E_{rs}\right) \tag{2-32}$$

なお，凹空間の開口内面の間接照度 E_{ra}，面積 A，凹空間内表面の直接照度 E_{ds}，間接照度 E_{rs}，光束発散度 M_s，面積 S，平均反射率 ρ_m とする．

凹部内での間接光の光束の保存則により，間接光として凹空間に供給される光束が，凹空間内で吸収される光束に等しく，次式となる．

$$\rho_m\Phi_i=(1-\rho_m)E_{ra}S+E_{ra}A \tag{2-33}$$

左辺は間接光として凹空間に供給される光束であり，右辺は凹空間内で吸収される光束（第 1 項）と，凹空間から放出される光束（第 2 項）の和である．

式（2-32）と式（2-33）より $\Phi_r=E_{ra}A$ を考慮して式（2-31）の等価反射率 ρ_e を求めると式（2-24）が導出される．

(3) 光束伝達法

光束伝達法は空間の内表面を複数面に分割し，それらの面から面への光束伝達を解くことで，間接照度を計算する方法である．

図 2-16 のように空間内表面を n 個に分割した面を考え，面 i への間接的に入射する光束 Φ_{ri} は，他面から面 i に入射する光束の総和となる．入射光束 Φ_j で反射率 ρ_j の面 j から面 i に入射する光束 Φ_{ji} は面 j の発散光束 $(\rho_j\Phi_j)$ に対する伝達光束 Φ_{ji} の割合となる形態係数 f_{ji}（式（2-40），詳細は次項）を用いて表され，Φ_{ri} は次式となる．

$$\phi_{ri}=\sum_{j=1}^{n}\Phi_{ji}=\sum_{j=1}^{n}f_{ji}\rho_j\Phi_j \tag{2-34}$$

面 i への入射光束 Φ_i は，光源から直接入射する光束 Φ_{di} と間接的に入射する光束 Φ_{ri} の和で次式となる．

$$\Phi_i=\Phi_{di}+\sum_{j=1}^{n}f_{ji}\rho_j\Phi_j \tag{2-35}$$

これが相互反射の基礎方程式であり，Φ_{di} は式（2-3）の面 i の直接照度 E_{di} と面積 S_i の積で計算でき，ρ_j は面の反射率，形態係数 f_{ji} は二面の幾何学的な関係から既知となり，未知数は n 個の Φ_i のみとなる．上式は n 個成立し，n 元連立方程式を解くことで面 i への入射光束が得られる．

この基礎式を照度について表すと，上式に面 j の入射光束 $\Phi_j=E_jS_j$ を代入し，式（2-42）に示す形態係数の相反定理 $f_{ji}S_j=f_{ij}S_i$ を適用した上で両辺を S_i で除して $E_i=\Phi_i/S_i$, $E_{di}=\Phi_{di}/S_i$ とすることで，面 i の照度は次式で示される．この未知数 E_i が n 個の n 元連立方程式を解くことで照度が得られる．

$$E_i=E_{di}+\sum_{j=1}^{n}f_{ij}\rho_j E_j \tag{2-36}$$

間接照度は，この右辺第二項として計算されたことになる．

・面から面への光束伝達と形態係数

図 2-17 に示す全面が一様輝度 $L_j[\text{cd/m}^2]$ で光束発散度 $M_j[\text{lm/m}^2]$ である均等拡散面 j から面 i に伝達す

る光束 Φ_{ji} を考える。面 j の発散光束（$\rho_j \Phi_j = M_j S_j$）に対する伝達光束 Φ_{ji} の割合を f_{ji} とすると次式となる。

$$\Phi_{ji} = f_{ji} M_j S_j \tag{2-37}$$

一方，Φ_{ji} は面 i 上の微小面 di に入射する光束 $d\Phi_{jdi}$ を面 i について積分して得られる。面 j による微小面 di の照度 E_{jdi} は式（2-9）から，$d\Phi_{jdi}$ は次式となる。

$$d\Phi_{jdi} = E_{jdi} dS_i = M_j C_{jdi} dS_i \tag{2-38}$$

Φ_{ji} は，これを面 i について積分して次式となる。

$$\Phi_{ji} = M_j \int_{S_i} C_{jdi} dS_i \tag{2-39}$$

式（2-37），及び式（2-39）から形態係数 f_{ji} は次式となり，面 i と面 j との幾何学的な関係のみで定まる係数であることがわかる。

$$f_{ji} = \frac{\Phi_{ji}}{M_j S_j} = \frac{1}{S_j} \int_{S_i} C_{jdi} dS_i \tag{2-40}$$

さらに，式（2-17）から次式となる。

$$f_{ji} = \frac{1}{S_j} \int_{S_i} \int_{S_j} \frac{\cos\theta_i \cos\theta_j}{\pi r_{djdi}^2} dS_i dS_j \tag{2-41}$$

この式の両辺に S_j をかけた次式は，添字の j と i を入れ替えても成立し，形態係数 f_{ji} と，形態係数 f_{ij} との間に成立するこの関係を形態係数の相反定理という。

$$f_{ji} S_j = \int_{S_i} \int_{S_j} \frac{\cos\theta_i \cos\theta_j}{\pi r_{djdi}^2} dS_i dS_j = f_{ij} S_i \tag{2-42}$$

図 2-18 に示す関係にある矩形面の面 i に対する面 j の形態係数は，$x = a/c$，$y = b/c$ として，垂直関係では次の式（2-43），平行関係では式（2-44）となる。

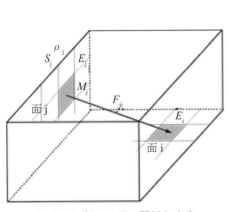

図 2-16　矩形二面の関係と寸法

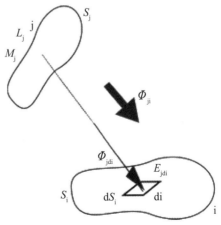

図 2-17　面から面への伝達光束

二面が垂直関係の場合

$$f_{ji} = \frac{1}{\pi} \begin{bmatrix} \frac{1}{y}\tan^{-1}x + \tan^{-1}\frac{x}{y} - \frac{\sqrt{1+y^2}}{y}\tan^{-1}\frac{x}{\sqrt{1+y^2}} \\ + \frac{x}{2y}\ln\frac{\sqrt{x^2+y^2}\sqrt{1+x^2}}{x\sqrt{1+x^2+y^2}} \\ + \frac{y}{2x}\ln\frac{y\sqrt{1+x^2+y^2}}{\sqrt{x^2+y^2}\sqrt{1+y^2}} \\ + \frac{1}{2xy}\ln\frac{\sqrt{1+x^2+y^2}}{\sqrt{1+x^2}\sqrt{1+y^2}} \end{bmatrix} \quad (2\text{-}43)$$

二面が平行関係の場合

$$f_{ji} = \frac{2}{\pi} \begin{bmatrix} \frac{\sqrt{1+x^2}}{x}\tan^{-1}\frac{y}{\sqrt{1+x^2}} - \frac{1}{y}\tan^{-1}x \\ + \frac{\sqrt{1+y^2}}{y}\tan^{-1}\frac{x}{\sqrt{1+y^2}} - \frac{1}{x}\tan^{-1}y \\ + \frac{1}{xy}\ln\frac{\sqrt{1+x^2}\sqrt{1+y^2}}{x\sqrt{1+x^2+y^2}} \end{bmatrix} \quad (2\text{-}44)$$

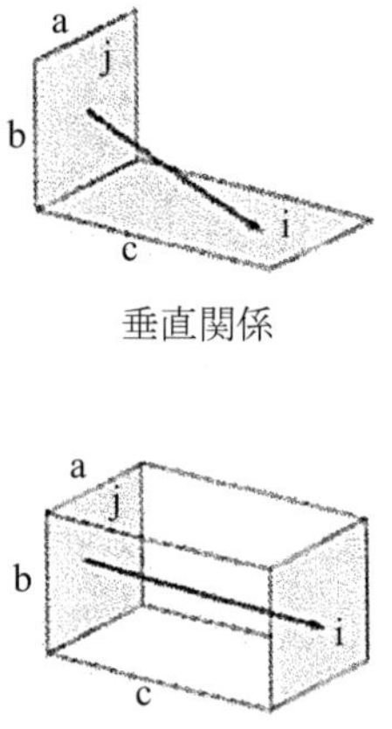

図 2-18 矩形二面の関係と寸法

(4) 光線追跡法

ここでは，いくつかある光線追跡法による照度計算法の内の一例を記す。

図 2-19 に示すように観察者の視点と観察対象物との間にスクリーンを設定し，視点とスクリーン上の点を結ぶ方向の光線を考える。この光線と対象物表面上の交点での入射，反射，屈折により光線軌跡を次々と計算する。これは光線逆進の原理（ある方向へ進む光線と，その逆方向の光線とは同じ経路を通る）により目に入る光の追跡となる。これら各交点において光源からの光の照明計算を行ない光線軌跡の視点方向への輝度を求め，それらを累積して視点位置からの光線方向の輝度を計算し，それをスクリーン上の点の輝度とする。スクリーン上の一点について多数の光線を放出しその反射，透過，散乱方向の決定時に物体表面の反射，透過特性値を反映させている。スクリーン上の各点についてその輝度を計算することで，現実の見え方に近い像を得る。

視点からの光線と最初の対象物との交点における照明計算で得られる輝度が直接光による輝度であり，それ以降の交点で計算される輝度が間接光による輝度と考えられ，相互反射を反映した照明計算となる。

また，光源からの光線により空間内の光の分布を示すフォトンマップを作成し，視線からの光線の

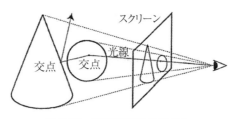

図 2-19 光線追跡法の考え方

軌跡を，フォトンマップを基に効率よく決定し，その軌跡に基づいて視線方向の輝度を得て，種々の光の現象を再現した像を計算するフォトンマッピング法[2)]などがある。

2.2.3 照明計算例

本節では(1)人工照明の配灯設計に多用される光束法と，前節で示した照明計算法の一例として，(2)天空光による窓面からの室内照度及び昼光率の計算法を示す。

(1) 光束法

光束法は，作業面照度がほぼ均一となる全般照明の室の照明設計時に，照明器具の配置数を算出する手法であり，作業面照度に基づいた計算法であることから，作業面照度も算出可能となる。前提が全般照明であるので器具の間隔が適正である必要がある。

作業面平均照度 E[lx]は，室内のランプ数 N[個]，ランプ一個あたりの光束 Φ[lm/個]，照明器具の保守率 m，照明率 U，作業面面積 A[m²]として，作業面に入射する光束を作業面面積 A[m²]で除して，次式で示される。

$$E = \frac{N\Phi mU}{A} \qquad (2\text{-}45)$$

光束法の照明計算は器具ごとに照明メーカーのカタログなどに記載される照明率に依るところが大きい。照明率 U はランプの発散光束に対する作業面に入射する光束の比率であり，ランプと器具の配置や配光だけでなく，室形状を反映する室指数 k と室内表面の反射率に依存し，表 2-1 に例示する照明率表から読み取る。

室指数 k は，図 2-20 に示すように，室の幅 W，奥行き D，作業面から照明器具までの高さ H として

表 2-1 照明率表の例

	反射率 [%]																
天井		80				70				50				30			0
壁		70	50	30	10	70	50	30	10	70	50	30	10	70	50	30	10	0
床		10				10				10				10				0
室指数	0.6	44	36	30	26	44	35	30	26	42	35	30	26	40	34	29	26	25
	0.8	52	44	39	35	51	43	38	34	49	42	38	34	47	42	37	34	33
	1.0	57	50	44	40	56	49	44	40	54	48	43	40	52	47	43	40	38
	1.25	61	55	50	46	60	54	49	46	58	53	49	45	56	52	48	45	43
	1.5	64	58	54	50	63	58	53	50	61	56	52	49	59	55	52	49	47
	2.0	68	63	59	56	67	63	59	56	65	61	58	55	63	60	57	54	53
	2.5	71	66	63	60	70	66	62	60	67	64	61	59	65	63	60	58	56
	3.0	72	69	66	63	71	68	65	62	69	66	64	62	67	65	63	61	59
	4.0	74	72	69	67	73	71	68	66	71	69	67	65	69	68	66	64	62
	5.0	76	73	71	69	75	73	71	69	73	71	69	68	71	69	68	67	65
	7.0	77	75	74	72	76	75	73	72	74	73	72	70	72	71	70	69	67
	10	78	77	76	75	77	76	75	74	75	74	74	73	74	73	72	71	69

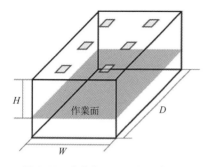
図 2-20 室指数に関係する室寸法

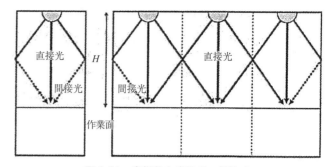
図 2-21 室指数と直接光，間接光

次式となる。

$$k = \frac{WD}{H(W+D)} \tag{2-46}$$

室指数は作業面面積（WD）と作業面上側の壁面積（$H(W+D)$）の比であり，図 2-21 左図より右図の方が大きくなる。全般照明では照明器具が天井面に均等配置されており，室指数の大きい右図の方が作業面に入射する直接光束（直接照度）の間接光束（間接照度）に対する比が大きく，室指数はこの比を照明率に反映する指標となる。室内装の仕様が同じ場合，室指数が大きいほど作業面入射光に占める直接光（直接照度）の割合が大きく，照明率は大きい。

室内表面の反射率は 2.1.5 に記した視感測色により概算できる。

保守率 m は照明器具の種類と，清掃頻度などの保守管理の程度に応じて定める。器具間隔は室内照度が均一になるように，器具ごとに定められる最大器具間隔以下にしなければならない。

(2) 天空光による窓面からの室内照度及び昼光率の計算

照明計算の例として，天空光による窓面からの室内照度を，直接照度は逐点法により，間接照度は作業面切断公式により計算する方法を記す。透明ガラスを備えた透明窓の場合は窓面への入射光は直進するのに対し，障子やすりガラスを備えた拡散窓では窓面への入射光がその入射方向にかかわらず窓内面から室内へ均等に拡散する。それら光の伝達過程に沿った照明計算が必要になる。

(a) 直接照度

透明窓の直接照度 E_d は，受照点から窓面を通して望む景色要素の輝度 L_i，景色要素の受照点に対する立体角投射率 C_i，窓の透過率 τ，保守率 m，窓面積有効率 R として，式 (2-3) から次式となる。

$$E_d = \tau m R \Sigma \pi L_i C_i \tag{2-47}$$

拡散窓による直接照度 E_d は，拡散窓の光束発散度 M_w，受照点に対する立体角投射率 C_{wp} とし，式 (2-2)，式 (1-17) から次式となる。M_w は窓面照度 E_w と窓の拡散透過率 τ_m，保守率 m，窓面積有効率 R の積となる。

$$E_d = M_w C_{wp} = \tau_m m R E_w C_{wp} \tag{2-48}$$

窓面照度は，窓面屋外側の照度である。保守率 m は窓材の種類と，清掃頻度などの保守管理の程度に応じて定める。窓面積有効率 R とは，窓枠や桟，壁厚などによる透過光の減少を等価な窓面積の減

少とし面積有効率で表現した値である。

(b) 間接照度

式 (2-25) に示した作業面切断公式を用いて，下部及び上部に入射する光束 Φ_1, Φ_2 [lm] を窓面照度から算出して間接照度を計算する。

図 2-22 左の透明窓（面積 S_w）での下部及び上部への入射光束 Φ_1, Φ_2 は，それぞれ窓外面における代表点へ上方向から入射する光束（その光束による窓面照度 E_{w1} として $E_{w1} S_w$）と下方向からの入射する光束（同じく E_{w2} として $E_{w2} S_w$）が窓面を透過し室内へ入射した光束となる。Φ_1, Φ_2 は窓の透過率 τ として次式となる。

$$\Phi_1 = \tau m R E_{w1} S_w, \quad \Phi_2 = \tau m R E_{w2} S_w \tag{2-49}$$

一方，図 2-22 右の拡散窓では，窓外面代表点へ上下方向いずれから入射する光束でも，室内側下部及び上部に均等に拡散することから，窓外面への入射光束を上下に分ける必要はない。窓面に入射する全光束（その光束による窓面照度 E_w として $E_w S_w$）の窓面透過光束の半分がそれぞれ下部及び上部に入射すると考え，Φ_1, Φ_2 は次式となる。

$$\Phi_1 = \Phi_2 = \frac{1}{2} \tau_m m R E_w S_w \tag{2-50}$$

(c) 窓面照度

窓面照度は，窓面代表点に対する天空や地物等の景色要素の立体角投射率を C_{wi}，それらの輝度を L_i として，次式となる。

$$E_w = \pi \Sigma L_i C_{wi} \tag{2-51}$$

窓面へ上方向，及び下方向からの入射光束による窓面照度 E_{w1}, E_{w2} は，景色要素を窓外面代表点高さよりも上の要素と下の要素に分け，上下それぞれについて上式を計算することで得られる。

なお，天空が全天空水平面照度 E_s で一様輝度 L_s の場合は，全天空の水平面に対する立体角投射率は 1 となり面光源による照度の算出式 (2-2) から次式となる。

$$E_s = \pi L_s \tag{2-52}$$

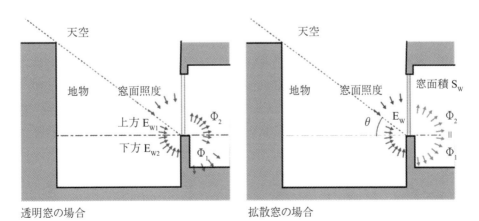

図 2-22　天空と地物による窓面照度と入射光束

この関係から式 (2-51) の窓面照度 E_w は次式となる。

$$E_w = \pi L_s \Sigma \frac{L_i}{L_s} C_{wi} = E_s \Sigma \frac{L_i}{L_s} C_{wi} \tag{2-53}$$

また，窓面へ上方向，及び下方向から入射する光束による窓面照度 E_{w1}，E_{w2} も，景色要素を窓外面代表点高さよりも上の要素と下の要素に分けて次式となる。

$$E_{w1} = E_s \Sigma_{\text{上}} \frac{L_i}{L_s} C_{wi}, \quad E_{w2} = E_s \Sigma_{\text{下}} \frac{L_i}{L_s} C_{wi} \tag{2-54}$$

(d) 昼光率

建物や室の採光性能を示す昼光率 D は，全天空照度 E_s に対する室内の対象面の天空による照度 E の比である。天空光による直接照度 E_d と間接照度 E_r として，それらの全天空照度に対する比である直接昼光率 D_d，間接昼光率 D_r とには，次式の関係がある。

$$D = \frac{E}{E_s} = \frac{E_d}{E_s} + \frac{E_r}{E_s} = D_d + D_r \tag{2-55}$$

・直接昼光率と窓面昼光率

透明窓の直接昼光率 D_d は，式 (2-47)，式 (2-52)，式 (2-55) から次式となる。

$$D_d = \tau m R \Sigma \frac{L_i}{L_s} C_i = \tau m R C' \tag{2-56}$$

受照点における窓面を通して見える景色要素の立体角投射率を，天空輝度に対する景色要素の輝度比で重み付けして積算した積算立体角投射率 C' とした。

$$C' = \Sigma \frac{L_i}{L_s} C_i \tag{2-57}$$

拡散窓の直接昼光率 D_d は式 (2-48)，式 (2-52) から次式となり，窓面昼光率 D_w を用いて表される。

$$D_d = \tau_m m R \Sigma \frac{L_i}{L_s} C_{wi} C_{wp} = \tau_m m R D_w C_{wp} \tag{2-58}$$

窓面昼光率 D_w は全天空照度に対する窓面照度の比であり，式 (2-53) から窓面における景色要素の輝度の天空輝度に対する輝度比で重み付けした積算立体角投射率として次式となる。同様に，景色要素を窓外面代表点高さよりも上の要素と下の要素にそれぞれによる窓面昼光率 D_{w1}，D_{w2} は，式 (2-52) から次式となる。

$$D_w = \Sigma \frac{L_i}{L_s} C_{wi}, \quad D_{w1} = \Sigma_{\text{上}} \frac{L_i}{L_s} C_{wi}, \quad D_{w2} = \Sigma_{\text{下}} \frac{L_i}{L_s} C_{wi} \tag{2-59}$$

窓面昼光率を用いて，式 (2-53)，式 (2-54) の窓面照度は次式となる。

$$E_w = D_w E_s, \ E_{w1} = D_{w1} E_s, \ E_{w2} = D_{w2} E_s \tag{2-60}$$

・間接昼光率

間接昼光率は式 (2-25), 式 (2-55) から次式となる。

$$D_r = \frac{E_{r1}}{E_s} = \frac{\rho_{e2}(\Phi_2 + \rho_{e1}\Phi_1)}{E_s A(1 - \rho_{e1}\rho_{e2})} \tag{2-61}$$

透明窓について式 (2-49) に示す下部及び上部への入射光束 Φ_1, Φ_2 は式 (2-60) から, 次式となり,

$$\Phi_1 = \tau m R D_{w1} E_s S_w, \quad \Phi_2 = \tau m R D_{w2} E_s S_w \tag{2-62}$$

間接昼光率は次式となる。

$$D_r = \tau m R \frac{S_w}{A} \frac{\rho_{e2}(D_{w2} + \rho_{e1} D_{w1})}{(1 - \rho_{e1}\rho_{e2})} \tag{2-63}$$

拡散窓について式 (2-50) で示す下部及び上部への入射光束 Φ_1, Φ_2 は式 (2-53) から次式となり,

$$\Phi_1 = \Phi_2 = \frac{1}{2}\tau_m m R D_w E_s S_w \tag{2-64}$$

間接昼光率は次式となる。

$$D_r = \frac{1}{2}\tau_m m R D_w \frac{S_w}{A} \frac{\rho_{e2}(1 + \rho_{e1})}{(1 - \rho_{e1}\rho_{e2})} \tag{2-65}$$

2.3　視環境評価の要件となる視覚心理指標

　視環境は, 光と物により形成されている光環境を視覚により知覚・認識された環境と言え, 人の視覚情報処理システムにより形成された環境である。人は視環境を外界情報として捉えて認識することから, 光環境と視環境の区別を意識することは少ない。人は眼に入射する視覚刺激のみを頼りに, 大胆な情報削減を行い視環境を形成しているので, 光環境を必ずしも忠実に認識できているわけではなく, 両者は区別されるべきものである (図 2-23)。

　視環境評価の側面は, 明るさ, グレア, 明視性, 色の見え方, 演色性, モデリングと多岐にわたる。対象空間における視環境評価の必要条件は, その空間の用途や目的によって異なるが, ここではその要件を規定する視覚心理指標について記す (図 2-24)。

　人の視覚は, 刺激となる放射輝度に対する応答である。放射輝度の分光分布に対しては杆体や 3 種の錐体の視細胞の応答に基づき, 放射輝度の空間分布に対しては視細胞応答の網膜上の分布に基づき, 視覚情報処理システムを通じて視対象の色や形・大きさを知覚・認識している。光環境における刺激と視環境評価とを関係づける視覚心理指標を用いると, 視環境評価を効果的に予測可能となる。

　光や色の刺激として扱われることの多い輝度や三刺激値は, 実際には分光視感効率や等色関数により重み付けられた視覚応答を表しており, 視環境形成の元となる視野を構成する視覚応答と位置付けられる。視野の視覚応答分布を元に視環境が形成されると考え, それに基づく視野の順応輝度, 視野内対象の輝度対比や色度などの視覚心理指標と, 明るさ, グレア, 明視性, 色の見え方, 演色性など

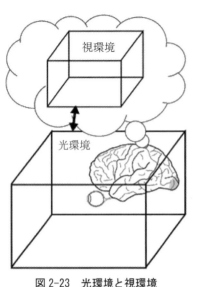
図 2-23　光環境と視環境

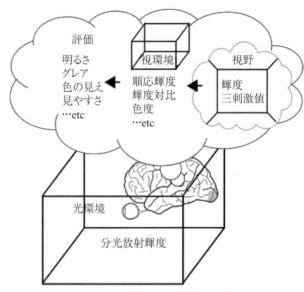
図 2-24　視環境評価と視覚心理指標

の視環境評価とが関係付けられる。

2.3.1　明るさ指標

　明るさとは視覚で捉えた明暗の感覚であり，作業に対する適否などの価値判断を含む心理評価や測光量（照度や輝度）の大小とは区別しなければならない。また，明るさはライトネス（Lightness）とブライトネス（Brightness）に区別される。ライトネスは明度であり，同一照明光下の白色の明るさに対する相対的な物体色の明るさである各種表色系における物体色の属性と言える。白色の輝度に対する輝度比を反映した指標値で表され，照明光の強さに大きく左右されない，恒常性が高い特徴がある。白い壁紙は周囲が明るい環境と暗い環境でも，あるいは，不均一に照明された明るい箇所と暗い箇所でも，同じく白，すなわち同じ明るさに認識されたライトネスの恒常性は高い。一方明るい箇所・暗い箇所と異なる明るさに認識されたブライトネスの恒常性は低い。ブライトネスは，絶対的な明るさ認識であり，その指標値としては輝度が挙げられる。しかし，視対象の輝度が同じでも順応輝度や周辺輝度との対比に左右され，視対象の輝度は必ずしも明るさ（ブライトネス）とは対応しない。

　視対象の輝度 L_t 及び順応輝度 L_a（均一な背景輝度）と，視対象の明るさ（ブライトネス）との関係は図 2-25 に示される。視対象輝度が同じでも，順応輝度が高いほどその明るさは低い。順応輝度 L_a が同じ場合は，視対象の明るさは視対象の輝度と対応関係がある。

　図 2-25 に示される視対象の明るさは視野内の局部に対する明るさとなるが，視野全体の明るさはこの局部の明るさに基づいて，空間の明るさは視野や局部の明るさに基づいて認識されると考えられる。それら明るさにより視環境を評価するには，少なくとも，局部の明るさを左右する局部の輝度と，順応輝度を視覚心理指標とすることになる。視野や空間の明るさに対応した視覚心理指標としては，対象空間領域の平均輝度を順応輝度として表す試みがされるが，極端に不均一な輝度分布を持つ場合

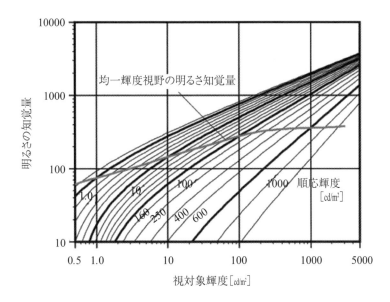

図 2-25　明るさの知覚量（直径 3.0°の円形視対象の明るさ）[3]

は，平均輝度や局部的な明るさの平均だけでは説明できず，大局的な明るさの分布に左右されるようである。局部の明るさ，視野の明るさ，空間の明るさの順に高次な視覚情報処理過程を含んだ認識となり，高次な認識になるほど価値判断を伴う評価との明確な分離が難しくなる。空間の明るさを，絶対的な明るさの程度で評価するのか，その空間の用途に適した明るさに照らし価値判断を伴って，相対的に評価するのか，その区別が難しくなる。

明るさは色に影響されており，光の色が明るさ（ブライトネス）に及ぼす影響として，一般に色温度が高いほど，演色性が高いほど明るく感じることが知られる。また物体の色が明るさ（ライトネス）に及ぼす影響として，対象の輝度が同じでも，色が鮮やかなほど明るく感じるヘルムホルツ-コールラウシュ効果が知られる。

2.3.2　グレア指標

視野に順応輝度よりも著しく高い輝度の部位がある場合に，視認性，見やすさを損なう場合を減能グレア，不快を感じる場合を不快グレアといい，それらを総称してグレアという。視線方向にあるグレア源によるものを中心視グレア（直接グレア），視線方向から離れたグレア源によるものを周辺視グレア（間接グレア）という。また，グレア源からの光が光沢面などで反射して生じるグレアを反射グレアという。

光源に対するグレアは，一般に，光源輝度が高いほど，背景輝度が低いほど，目と光源を結ぶラインと視線が近いほど，光源の見かけの大きさが大きいほど生じやすい。ただし，窓面のように大面積光源の場合は光源輝度が順応に影響を与え，必ずしもこの関係が成立しない場合がある。

減能グレアは，視野内の高輝度部が見やすさに及ぼす影響であり，その指標については 2.3.4 に詳

述する。

　室内照明の照明器具の不快グレアの程度の指標としては，小さい光源（0.0003～0.1sr：0.1srは3mの距離で正対して見る1m角の照明器具の立体角に相当）に対する統一グレア評価値の *UGR*（Unified Glare Rating）がある。観察位置から見た各照明器具の輝度を L_s [cd/m²]，その背景輝度を L_b [cd/m²]，器具と視線との位置関係に基づく指数（Guth のポジションインデックス）を p，器具の立体角を ω [sr] とし，次式で示される *UGR* が大きいほど不快グレアの程度が大きくなる。

$$UGR = 8\log\left(\frac{0.25}{L_b}\Sigma\left(\frac{L_s^2 \omega}{p^2}\right)\right) \tag{2-66}$$

　UGR は，背景輝度に依存することから照明器具が設置された空間の特性も反映する値であり，器具のみの特性だけでは定まらない。*UGR* は，式（2-66）中 L_b が分母，L_s と ω が分子にあり，背景輝度 L_b が低いほど，光源輝度 L_s と立体角 ω が大きいほど値が大きい。ポジションインデックス p（図2-26）は視線方向の光源輝度に対して，同じグレア感を生じる周辺に提示された光源の輝度の比を示し，視線に近いほど値は小さい。p は式（2-66）中分母にあり，光源が視線に近いほど，*UGR* 値は大きくなる。いずれの因子についてもグレアに対する一般的な関係を反映する式となる。

　室内照明における窓面等の大面積光源に対しては，別途不快グレアの評価方法が検討されている。また，屋外照明や道路照明などでは *GR* や *G* などの不快グレア指標も示されている。

　光の色がグレアに及ぼす影響としては，一般に色温度が高いほどグレアを感じる傾向が報告されるがその影響程度は大きくはない。

2.3.3　色の見え

・光の色の見え

　光色を *xy* 色度など色度座標や，相関色温度で表すことは，1.2.4 の通りである。光色は *XYZ* 表色系における *xy* 色度により特定可能であるが，色度座標では光色を想像することが難しい。一方，黒体放射の光色は，昼光や炎の光色と関係づけることで想像しやすく，その関係を知れば色温度で光色を容

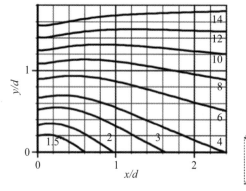
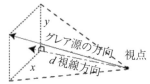

図2-26　ポジションインデックス

易に想像できる。色温度が低→高にかけて，赤，黄，白，青白の色に見え，恒星の温度とその色との関係として知られる関係である。黒体放射の色度と一致しない色度の光源の光色は，その色度に近い黒体放射の色温度である相関色温度で表される。光色と色温度，相関色温度との関係は，およそ，晴空光 11000 から 20000K，曇天光 7000K，直射日光 5250K，白熱電球の光 2800K，ろうそくの炎 1900K，夕陽 1850K と，日常に体験する光色と関係づけると想像が簡単になる。

　色温度の差が同じでも，高色温度では知覚する色の差は小さく，低色温度ではその差は比較的大きい。知覚される光色の差に着目する場合は，その差との相関が高い逆数相関色温度（MK^{-1}：毎メガケルビン）を指標とする。相関色温度 T の逆数相関色温度は $1000000/T[MK^{-1}]$ となる。

　LED 及び蛍光ランプの光色は，図 2-27 に示す電球色，温白色，白色，昼白色，昼光色に区分される。図は xy 色度中の領域区分であるため等色温度線は黒体軌跡に直交しないが，相関色温度は CIE1960UCS 色度（uv 色度）図上で色度が最も近い黒体放射の絶対温度とするため，uv 色度図上では直交する。uv 色度図における光色の色度の黒体軌跡からの距離を d_{uv}（黒体軌跡より上側を正，下側を負）で表す。演色性（2.3.4）が同等であれば d_{uv} がやや負の値の方が好ましく感じられるとされる。

　照明光の色温度と照度との組み合わせとして，一般に高色温度で低照度にすると陰気な，あるいは寒々しい印象となる。その一般的な傾向をよく反映し，高色温度は高照度で快適となり，低色温度は低照度でも快適となることを示した Kruithof の図が図 2-28 である。原文には図に対する短い説明しかなく，根拠となるデータの詳細は不明であるが，低色温度は電球を，高色温度の低照度領域は昼光と蛍光ランプの光を用いた実験室での実験から導出し，高色温度高照度領域は昼光に対する経験から推定したとする。光色と照度だけで光放射の快適条件を定量的に判断するのは，後述の演色性が考慮されておらず無理があるが，この図は定性的な実感をよく反映することから，よく引用される。

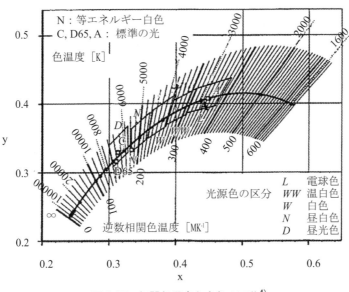

図 2-27　相関色温度と光色の区分[4]

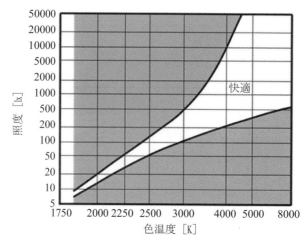

図 2-28　快適となる色温度と照度の組み合わせ[5]

・物体の色の見え

　白い物体は，明るいところや暗いところでも，また，白や黄色い光の下でも，ある程度は白色と認識でき，物体の色の見えは恒常性が高い。光量や分光分布が異なる光の下では同じ物体表面の反射光でも分光分布が異なるにもかかわらず，同じ色に認識されることになる。1.2.3 に示した L*u*v*，L*a*b*，CIECAM02 などの混色系表色系は，物体表面の反射光の分光放射の色度だけでなく，白色面の反射光すなわち入射光の分光放射の輝度や色度を基準として物体色を定量している。一方，顕色系表色系は特定の標準の光の下の見え方に基づく色票配列で構成されるものの，ある程度の照明光下で利用可能なのは，この恒常性が成立するからである。いずれも物体の色彩を同じ光環境下にある白色の物体の見え方を基準として表記している。1.2.3 に示される色の表記法は，色の三属性に基づいた色の見え方を示す視覚心理指標でもある。

　物体色の見えの適切さは，日常的な状況においては，その色がその物の本来の色として自然に見え，かつ好ましく見えることになる。何を本来の色とするかの判断は難しくもあるが，人の視覚システムが適応してきた自然光の下での色と考えるのが一般的である。また，物体の色の見えの好ましさは，一般の物体色は，概して彩度が増して見えるほどきれいに感じられ，ある範囲内で好まれる傾向がある[6]とされる。自然な見えとは，例えば自然物の場合は青色の木の葉には違和感があるように，物体そのものにも依存する。自然物の模造の場合，あるいは，自然物に着色した場合はその自然物に相応しい色が自然に見えることになる。

2.3.4　演色性評価

　多様な色彩の物体に適切な色の見えを確保する照明光は，照射物や観察者に適した分光分布を持つ必要がある。照明光が物体色の見えに及ぼす効果を演色と呼ぶ。演色性には，対象光の下での物の色の見えの自然光の下での見えに対する忠実性と，対象光の下での色の見え自体の好ましさの 2 つの観

点が存在する。

演色評価数は，昼光や黒体放射などの自然光に基づく基準の光の下での物体の色の見えに対する忠実性で，光を評価する指標である。物の本来の色を演出させる光を自然光として，自然光に対する色再現の忠実性により照明光を評価する指標といえる。その演色評価数が高くても必ずしも色の見えが適切，あるいは，好ましいとは限らない。

演色評価数は試験色の基準の光の下での色と試料光の下での色のずれを，CIE1964 均等色空間（U*V*W* 色空間）[6]で定量した指標値である。評価値は 15 種の試験色ごとの特殊演色評価数 R_i（$i = 1～15$ の試験色番号）であり，試験色 i の基準の光の下での色と試料光の下での色との色差 ΔE_i として次式で表され，色ずれがない場合が 100 で色ずれが大きいほど小さな値となる。

$$R_i = 100 - 4.6 \Delta E_i \tag{2-67}$$

試験色 1～8 番は中明度中彩度の色であり，それらに対する特殊演色評価数の平均値を平均演色性評価数 R_a とする。

$$R_a = \frac{\sum_{i=1}^{8} R_i}{8} \tag{2-68}$$

試験色の 9-12 番の 4 種は高彩度の色，13 は白人の膚の色，14 番は木の葉の色であり，国際規格で定められる。15 番は日本人の膚の色を代表し，日本独自の試験色である。

試験色の分光反射率を図 2-29 に示す。色差 ΔE_i は U*V*W* 色空間における色差であり，試料光への色順応を反映した上で求められる。現在新たに CIE1976L*u*v* 色空間が規定されており，U*V*W*

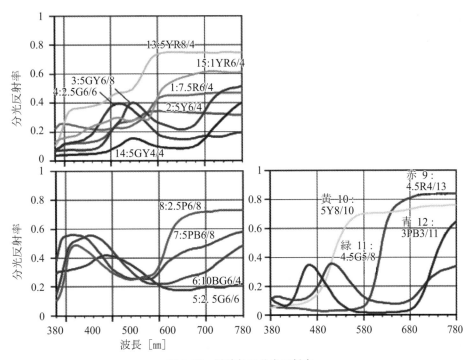

図 2-29 試験色の分光反射率

色空間は演色評価数の計算以外では用いられない。

物体の色の見えの好ましさは色域面積比が大きいほど，平均的に彩度を増加させる光であり高くなる傾向にある。色域面積比は，試料光の下での試験色1～8の色域（U*V*色度図上で8つの試験色の色度座標を頂点とする8角形の囲む面積）の基準光の下での色域に対する比である。

演色評価数は基準の光の下とは異なる色の見え方を目標とした場合の適正な指標にはならない。色の見えの好ましさがそれほど重視されない視環境もある。目的とする視環境によって照明光に必要とされる演色性は異なるものである。必要とされる色再現性や色の見えの好ましさを考え，他の視環境要件も考慮に入れた上で，それらを両立，時にはバランスさせた適切な環境を設計することが大切である。

2.3.5　見えやすさ

視対象の見えやすさのことを明視性といい，視環境条件により左右される。視作業の必要とする視対象の細部識別の程度に応じて，適切な視対象の明視性の確保が必要となる。視対象の明視性を左右する要素として，視対象の大きさ，対比，明るさ，時間が挙げられ，それらを明視四要素という。

視対象の大きさは，見かけの大きさである視角（分）で表すことが多い。視対象の対比は，明るさや色の違いの程度であり，明るさの対比は輝度対比，色の違いは色差で表される。明るさは，視野の明るさの程度であり順応輝度で表される。順応輝度は，その視野での視覚の感度と同じ感度を与える，均一輝度視野の輝度とされる。建築空間内で視知覚の時間は観察者の注視時間により適宜調整されており，環境側の要素ではない場合が多い。環境により影響を受ける他の三要素を明視三要素といい，それらが適正な環境が望まれる。

視角 α は，対象物が目に張る角度であり，図2-30のように対象物の寸法 d，観察距離 l として，次式となる。

$$\alpha = \tan^{-1} \frac{d}{l} \tag{2-69}$$

輝度対比は背景輝度 L_b，視対象の輝度 L_t（両者の輝度差 ΔL）として次式となる。

$$C = \frac{L_b - L_t}{L_b} = \frac{\Delta L}{L_b} \tag{2-70}$$

視力 VA は，人の細部識別の程度を示し，切れ目の方向を識別可能な最小のランドルト環（図2-31）

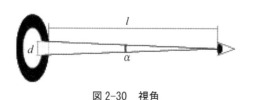

図2-30　視角

図2-31　ランドルト環

の切れ目幅の視角(視角の閾値) $α_{th}$[分]の逆数で示し,次式となる。

$$VA = \frac{1}{α_{th}} \tag{2-71}$$

視力検査での視力は,観察距離5m,視標面照度500lx以上で輝度対比が十分に高いランドルト環による視力であり,中心視での空間分解能力を示す。視力は,観察距離,周辺の明るさや視対象の輝度対比により異なり,明視要素の大きさの閾値に基づく視標である。人の感度を示す順応輝度(背景輝度)と,視対象の輝度対比と視角(視力)との視認閾状態の関係が図2-32の標準等視角閾値曲線(標準等視力曲線)になる。順応輝度が高く対比が大きいほど小さい視角まで見ることができ,視力は高くなる。

標準等視角閾値曲線は若齢者の視覚の閾値特性を示すが,眼球内での光散乱の増大,視細胞の感光色素量の低下等が原因で,視力は年齢に伴い低下する。高齢者に対応した視環境設計には,年齢などによる視力の差異を考慮する必要がある。若齢者との視力比を輝度対比ごとに図2-33に示す。この視力比は適正調節時のもので,調節力を失った多くの高齢者の近距離の視認では視力はさらに低い。

標準等視角閾値曲線は視認閾状態の明視要素の関係を示すが,視環境設計では,閾より高い水準の視認性の確保が必要である。標準的な視作業について特定した明視要素と,視作業の容易性との関係を示すことで,目標値を閾以上にすることが可能になる。日本語の文章を読みやすさと明視要素との関係(図2-34)の一例として,設計水準となる目標の読みやすさや評価確率ごとに,設計水準を満たすために必要な明視三要素の関係である等読みやすさ曲面を図2-35に示す。

減能グレアは2.3.2のグレアに位置付けられるが,視対象の見えやすさに及ぼす影響であり,実は明視性の問題である。減能グレアの程度は,図2-36に示すように,グレア源の光による光幕輝度 L_v (眼球内で散乱し中心窩に重畳する光を等価な輝度で表した値)が,背景輝度 L_b,及び視対象輝度 L_t

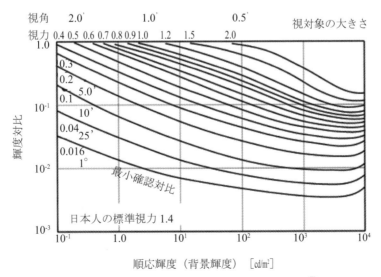

図2-32 標準等視角閾値曲線(標準等視力曲線)[7]

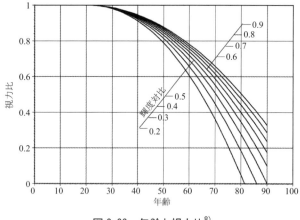

図 2-33 年齢と視力比[8]

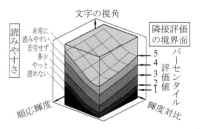

図 2-34 読みやすさと明視要素との関係[9]

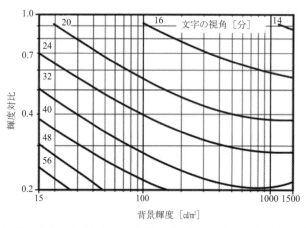

図 2-35 等読みやすさ曲面（苦労せずに読める評価確率が 80%）[9]

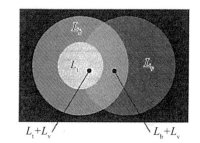

図 2-36 光幕輝度

に被ると考えて，輝度対比の低下として定量できる．光幕がない状態の対象輝度 L_t と背景輝度 L_b との輝度対比 C に対して，光幕が被った状態での輝度対比 C_v は次式となる．

$$C_v = \frac{L_b - L_t}{L_b + L_v} = \frac{L_b}{L_b + L_v}\frac{L_b - L_t}{L_b} = \frac{L_b}{L_b + L_v} C \tag{2-72}$$

背景輝度 L_b に対する光幕輝度 L_v の比が大きいほど，輝度対比が低下する．Holladay は，光幕輝度 L_v を，視線から角度 θ 方向にある光源による眼前照度を E_g として次式で示しており[8]，光幕輝度は光源による眼前照度が大きく光源が視線に近いほど，大きくなる．他に数種の光幕輝度算定式が提案されている．

$$\frac{L_v}{E_g} = \frac{10}{\theta^2} \tag{2-73}$$

光幕輝度は輝度対比の低下のみならず，順応輝度を増加させており，光幕輝度の増加は標準等視角閾値曲線（図 2-32）や等読みやすさ曲面（図 2-35）において傾き -1 の直線上の右下方向の軌跡となり，視

角閾値の増大，無光幕時と同等の読みやすさ確保に必要な文字の視角の増大などとして視認性や読みやすさの低下が把握できる。

2.3.6 モデリング

モデリングとは，立体物が適確に立体に見える，立体構造を把握できる程度とされるが，広義には立体視対象が目標とする，あるいは，適切な見えになる程度を示す。立体物の見え方には照明による陰影の及ぼす影響が大きく，対象物への光の当たり方がモデリングを大きく左右している。例えば，人の顔の印象は照明条件（拡散性と指向性や照射方向）による光の当たり方によって大きく異なる（写真2-1）。

対象物への光の当たり方を示すモデリングの指標として，ベクトル・スカラー比[10]があり，対象物の位置に置かれた微小球に対する光の当たり方の特徴量であるスカラー照度とベクトル照度を用いて，スカラー照度に対するベクトル照度の比で表される。

スカラー照度 E_s は微小球面の平均照度（平均球面照度）であり，図2-37の微小球面上の照度 E_{dS} を用いて次式となる。

$$E_s = \frac{\int_s E_{dS}\, dS}{S} \tag{2-74}$$

ベクトル照度 E_v は照度ベクトル $\vec{E}_v$ の大きさを示す。照度ベクトルは，微小球上の対向する微小球面の最大照度差が大きさで，最大照度差が得られる時の照度が高い微小面→低い微小面への向きを方向に持つベクトルとなる。ベクトル照度 E_v は次式となる。

（a） （b） （c） （d）

写真2.1 光の当たり方と顔の見え方

（a）拡散性の高い照射条件
（b）上からの指向性の高い照射条件
（c）右上からの指向性の高い照射条件
（d）下からの指向性の高い照射条件
光源は（左上）上部の拡散性配光の蛍光ランプ，（他）指向性配光を持つハロゲンランプ

E_{ds}　微小球面の照度
E'_{ds}　対向位置の微小球面の照度
dS　球面上の微小面の面積
S　微小球の表面積

図 2-37　微小球面上の照度

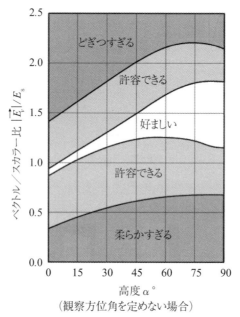

図 2-38　光の指向・拡散性と顔の見え方[10]

$$E_v=|\vec{E_v}|=max|E'_{dS}-E_{dS}| \tag{2-75}$$

ベクトル・スカラー比は，対象物にできる陰の明暗の程度を示す指標とされる。

　人の顔の見え方と照明条件とには図 2-38 に示す関係がある。指向光の高度が高いほど，拡散性と指向性の程度を示すベクトル・スカラー比が広い範囲で好ましいとされており，顔面が高い位置からある程度の指向性のある光で照らされる照明条件が良いとされる。これは表情の自然な見え方が得られる条件であり，目的とする見え方に応じて，拡散光と指向光のバランス，及び光の主たる照射方向に配慮しなければならない。

　空間内の対象物だけでなく，空間の見えにもモデリングを考慮する必要がある。空間の幾何的な構造とともに，窓や照明の配置，照明器具の形態や配光による光の配し方によって見えは異なり，空間の奥行き感や大きさ感，囲まれ感や開放感が左右される。空間構成や窓や照明，空間内表面の色や素材は，総合的にデザインされることが望ましい。

参考文献

1) JIS Z 8701：色の表示方法－ XYZ 表色系及び $X_{10}Y_{10}Z_{10}$ 表色系，日本工業規格，1999.
2) Henrik Wann Jensen 苗村健訳：フォトンマッピング 実写に迫るコンピュータグラフィックス，Ohmsha，2002.
3) 次の論文に基づき作成：小林朝人：明るさの知覚尺度-Apparent Brightness Scales-，日本建築学会論文報告集，178，pp. 83-92，1970.
4) JIS Z 9112：蛍光ランプの光源色及び演色性による区分，日本工業規格，2004.
5) A. A. Kruithof：Tubular luminescence lamps for general illumination, Philips Technical Review, 6-3, pp. 65-96, 1941.
6) JIS Z 8726：光源の演色性評価方法，日本工業規格，1990.
7) 中根芳一，伊藤克三：明視照明のための標準等視力曲線に関する研究，日本建築学会論文報告集，229，pp. 101-109，1975.
8) CIE Technical Report 146：CIE Collection on Glare － CIE equations for disability glare －，2002.
9) 原直也，佐藤隆二：文章の読みやすさについての多様な設計水準に対応する明視三要素条件を示す「等読みやすさ曲面」，日本建築学会環境系論文集，575，pp. 15-20，2004.
10) C. Cuttle, W. b. Valentine, A. Lynes, W. Burt：BEYOND THE WORKING PLANE, Proceedings of the CIE Session, pp. 1-12，1967.

第 3 章　昼光照明

　私たちの生活環境は，太陽放射の影響を絶えず受けている。人間は太陽光の下で，もっともモノが明るく見えるよう視覚を発達させてきた。また，人間は太陽の周期にあわせた生体リズムを持っている。電気，ガス，石油などの化石燃料によるエネルギー供給のなかった時代，太陽は唯一のエネルギー源であった。そして現代でも，地球温暖化防止の観点，人間の視覚・生理の観点から，太陽エネルギーを有効に活用することが求められている。本章では，太陽放射の特性，太陽と地球の関係について学んだ上で，太陽放射を照明光源として有効に活用するための留意点について考える。

3.1　太陽放射

　太陽は地球上に明るさをもたらしてくれる光源として大昔から存在してきた。現代では，省エネルギーや人間の健康の観点からも，日中は可能な限り太陽光を照明として活用することが期待されている。しかしながら，太陽は長所だけでなく，人間にとって短所にもなる側面も持ち合わせている。建築照明に太陽光を適切に活用するために，まずは，太陽放射の特徴を理解しておこう。

3.1.1　太陽放射が地球上に届くまで

　太陽は半径約 6.96×10^5 [km] の巨大なガスの球体である。その質量の約半分を占めるコアの内部で，水素の核融合反応によってヘリウムを生成しながら巨大な電磁波エネルギーを放射している（図3-1）[1]。

　太陽と地球の間の距離は日々異なり，地球の大気圏外に到達するエネルギー量（日射量）も日々異なる。地球の大気圏外に到達する法線面日射量を太陽定数という。太陽定数は太陽と地球の間の距離（年平均で約 1.50×10^8 [km]）の 2 乗に反比例し，式 (3-1)，図 3-2 に示すように年間±3%程度変化する。太陽定数の年平均値 J_o は 1,370 [W/m²] である[2]。

$$太陽定数 \ J_n = \frac{J_o}{r^2} \tag{3-1}$$

ここで

　J_o：太陽と地球間の年平均距離における太陽定数 [W/m²]（= 1,370）
　r　：太陽と地球の間の比距離（年間の平均距離に対する比）

　太陽放射は，地球の表面を覆う大気中で一部吸収，あるいは散乱され，地球上にはその一部の波長のみが届く（諸説あるが，おおよそ波長 300〜2,700 [nm] の範囲）。地球上に届く太陽放射のエネルギー

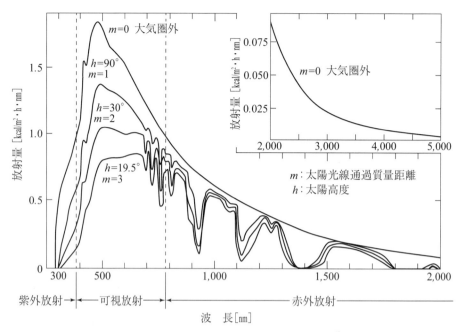

図 3-1　太陽放射の波長（スペクトル）分布[1]

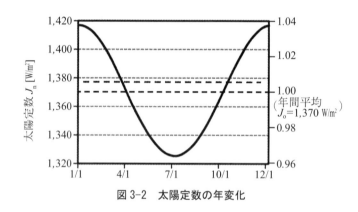

図 3-2　太陽定数の年変化

は全太陽放射エネルギーの約 20 億分の 1 である[3]。

　地球の大気圏外に到達した太陽放射のうち，一部は大気を直進し，平行光線の直射日光として地表に到達する。残りは，大気を通過するときに散乱あるいは吸収され，散乱された太陽放射のうち，約半分が拡散性の天空光として地表に到達する。その際，大気の透明度によって，大気中を透過する程度は異なる。大気の透明度は大気透過率で表される。煤煙，塵埃の多い都市部では郊外よりもその値は小さく，また，日本では一般的に冬季より夏季の方が大気中の水蒸気量が多いため，夏季に大気透過率は小さくなる。図 3-3 に大気透過率の月別平均値（12 時）の例を示す。直射日光照度は大気透過率が大きいほどその値も大きくなるが，天空光照度は大気透過率が大きい場合，大気中で散乱される成分が減少することになり，逆にその値は小さくなる。

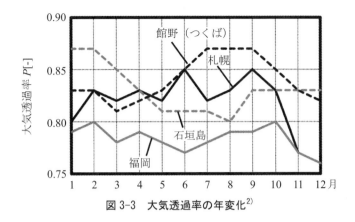

図 3-3 大気透過率の年変化[2]

表 3-1 太陽放射によるメリットとデメリット

		波長	メリット	デメリット，人体への影響
紫外放射	UV-C	100～280nm	殺菌作用	DNA損傷
	UV-B	280～315nm	ビタミンD合成 殺菌作用	日焼け（サンバーン：紅斑生成，サンタン：色素沈着）→皮膚がんの誘因 角膜炎，白内障 皮膚の劣化（シミ，しわ）
	UV-A	315～400nm	捕虫（飛来昆虫防除）	光線過敏症 皮膚の劣化（シミ，しわ，たるみ）
可視放射		380～780nm	明るさ確保 照明負荷の低減	室内に過剰に入射すると，グレアやシルエット現象などを生じ，視環境の悪化につながる
赤外放射		780nm～1mm	温熱効果 暖房負荷の低減	過剰な場合は暑く，冷房負荷の増大を招く

3.1.2 太陽放射の特徴（メリット，デメリット）

地球上に届く太陽放射のうち，波長380[nm]以下の範囲を紫外放射，380[nm]～780[nm]の範囲を可視放射，780[nm]以上の範囲を赤外放射と呼ぶ（図3-1）。狭義には可視放射を"光"と呼ぶが，紫外放射や赤外放射も併せて"光"と呼ぶこともある。

表3-1に太陽放射の各波長域のメリットとデメリット，人体への影響をまとめる。UV-Cは人間のDNAを傷つける作用のある危険な波長領域であるが，通常はオゾン層によって吸収され，地球上には届かない。

3.2 太陽と地球

地上から見る太陽は，その位置，放射強度とも時々刻々と変化する。建築空間に太陽光を積極的に採り入れる，あるいは太陽光の入射を適切に制御しようとする場合，任意の場所・時刻において太陽光がどのように地上に到達するのかを予測しなければならない。本節では，太陽と地球の位置関係，

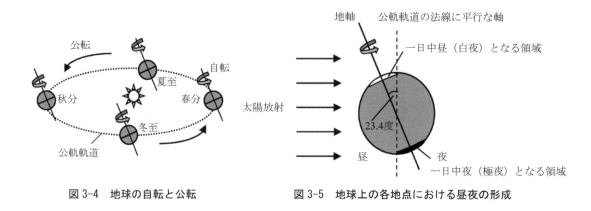

図 3-4　地球の自転と公転　　　　図 3-5　地球上の各地点における昼夜の形成

地上から見た太陽の位置の表現方法，任意の場所・時刻における太陽位置の求め方について解説する。

3.2.1　地球の動き

太陽ならびに太陽の周囲を回る天体は太陽系と呼ばれ，地球も太陽系を構成する惑星のひとつである。地球は地軸（自転軸とも言う）と呼ばれる公軌軌道の法線に対し約 23.4 度（23 度 26 分）傾いた軸を中心に一日一回自転しながら，太陽を中心に一年を周期として公転している（図 3-4）。地球が自転することで，多くの場所では[注1]一日の中で太陽に正対する時間帯と正対しない時間帯とができることになる。すなわち，太陽に正対している時間帯は地上が太陽光で照射される昼間，太陽に正対しない時間帯は太陽光で照射されない夜間となり，地球上の各地点で昼夜が形成される（図 3-5）。また，地軸が南北軸から傾いていることにより，各地点で年間を通じて相対的に太陽に近い時期と遠い時期とが生じる。地球上の各地点で昼夜の長さが日々変化することになり，季節が形成される。

注 1）地球上の一部の場所では，季節によっては，地球が一日一回自転しても太陽と正対しない側に回らず，一日中太陽光が照射される場合がある。この場所では，「白夜」と呼ばれる現象が起こる。逆に，一日中太陽に正対する側に回らない場所もある。ここでは，一日を通して太陽光に照射されることなく，常に暗い状態が続く「極夜」と呼ばれる現象が起こる（図 3-5）。

3.2.2　時刻の表し方

地球は太陽を中心に常に動いているが，地球上の任意の観測点における太陽の影響を考える際には，観測点は動かず太陽が動いていると仮定し，観測点から見た太陽の位置を相対的に捉える方がわかりやすい。このとき，観測点を中心に架空の球体を描き，この球体の表面上を太陽が移動すると考える。この架空の球体を天球と呼ぶ（図 3-6）。

北半球では，太陽は天球上の東側の地平面から出て（日の出），真南を通り（南中），西側の地平面に沈む（日の入り，日没）。春分・秋分の日には，太陽は真東の地点から出て真西の地点に沈む。春分から夏至，夏至から秋分にかけては，真東よりも北側の地平面から太陽は出て，真西よりも北側の地

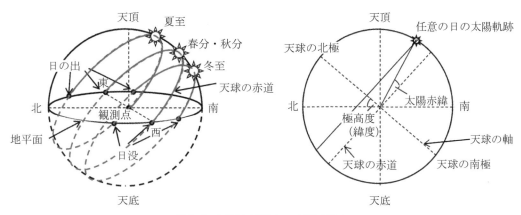

図3-6 天球と天球上の太陽の動き

平面に沈む。一方，秋分から冬至，冬至から春分にかけては，真東よりも南側の地平面から太陽は出て，真西よりも南側の地平面に沈む。春分・秋分は，昼間（太陽が地平面よりも上に位置する時間帯）と夜間（太陽が地平面よりも下に位置する時間）の長さがちょうど等しくなる。春分から夏至，夏至から秋分の期間は，昼間の方が夜間よりも長くなる。秋分から冬至，冬至から春分の期間は，昼間よりも夜間の方が長くなる。天球の中心を通る地軸に平行な直線を「天球の軸」といい，天球の軸と天球面の北方の交点を「天球の北極」，南方の交点を「天球の南極」という。天球の中心を通り，天球の軸に直交する平面が天球面と交わる線（春分・秋分の日の天球上の太陽の移動軌跡）を「天球の赤道」という。天球の北極，南，天球の南極を通る半円を「子午線」という。天球の北極と天球の中心，北のなす角度を「極高度」といい，観測点の緯度と等しくなる。

建物が周辺にもたらす影や建物に入射する太陽光の位置・量を予測するには，設計対象地点を中心とする天球上のどこに，太陽が位置するのかを任意の時刻について求めることになる。このときに用いる時刻表記は，日常生活で用いる時刻表記とは異なる。日常生活ではある一定の領域内で，定められた基準地点の平均太陽時を代表値とする中央標準時で時刻を表す。平均太陽時とは，同一時刻に任意の地点で見る太陽の位置と，基準地点で見る太陽の位置のずれを時間に換算して補正した時刻表示である。例えば，図3-7中の基準地点（経度L_s）で見る太陽と，対象地点（経度L）で見る太陽が同じ

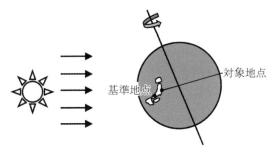

図3-7 経度による平均太陽時の差

A地点で見る太陽の位置が基準地点で見る太陽の位置と等しくなるには，経度の差/15[時間]だけかかる

位置となるには，対象地点が地球の自転により基準地点の位置まで動かなければならない。日本では兵庫県明石市（東経 135 度）が基準地点とされる[注3]。地球が仮に 24 時間で一回自転すると考えると，1 時間あたりの自転角は 15 度（= 360 度/24 時間）であり，対象地点と基準地点の経度の差 $L-L_s$ [度] を自転するのに要する時間は，$(L-L_s)/15$ [時間] となる。対象地点と基準地点の間の経度の差分だけ地球が自転するのに要する時間を補正して，平均太陽時は求められる（式 (3-2)）。

$$T_m = T_s + (L-L_s)/15 \tag{3-2}$$

ここで，

T_m：対象地点の平均太陽時 [時]

T_s：中央標準時 [時]

L ：対象地点の経度 [度]

L_s：基準地点の経度 [度]

注 2) 地球上の各地域で標準時に用いる時刻は，経度 0 度に定められている英国・ロンドンにあるグリニッジ天文台を基準として，1 時間ないし 30 分単位で決められている。地球の 1 時間あたりの自転角 15 度間隔で地球を分割すると，日本列島（東経 122.93 度～153.99 度）には東経 135 度地点が含まれるため，日本の標準時には東経 135 度の明石市の平均太陽時を用いる。日本の標準時刻 JST (Japan Standard Time) は，UTC（協定世界時，Coordinated Universal Time）＋ 9（= 135 度/15 度）で表記される。例えば，日本標準時で 12 時 31 分 40 秒の場合は，12：31：40 ＋ 0900 (JST) のように表記し，協定世界時 (UTC) との差を表現する。

地球が一回自転するのに要する時間は年平均で 24 時間であるが，地球の公転軌道は長円形をしており，一回の自転時間（一日の長さ）は日々異なる。太陽から比較的遠くに地球がある日は一日の自転に要する時間は長めに，太陽の比較的近くに地球がある日は一日の自転に要する時間は短めになる（図 3-8）。一日一回の自転に要する時間と年間の平均自転時間の差は均時差と呼ばれ，年間おおよそ −14～＋16 分の範囲で変動している（図 3-9）。理科年表にはその年の均時差が毎年更新され記載されている。

太陽位置に対応する時刻を求めるためには，基準地点からの緯度の差による中央標準時からの時刻のずれ以外に，自転時間の違いによる補正も必要となる。太陽が南中してから翌日再び南中するまで

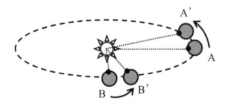

図 3-8 太陽までの距離と自転時間
太陽までの距離が長い A 地点から A' 地点に自転しながら移動するのに要する時間は，太陽までの距離が短い B 地点から B' 地点に自転しながら移動するのに要する時間よりも長い

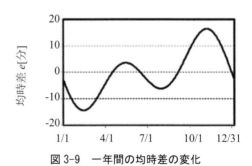

図 3-9 一年間の均時差の変化

を一日とした時刻表記は真太陽時と呼ばれ，式(3-3)の通り求められる。真太陽時12時（正午）は太陽の南中時を表すが，太陽南中時の中央標準時は経度によって異なる。

$$T = T_m + e = T_s + \frac{L - L_s}{15} + e \tag{3-3}$$

ここで，

T ：対象地点の真太陽時[時]

T_m ：対象地点の平均太陽時[時]

T_s ：中央標準時[時]

L ：対象地点の経度[度]

L_s ：基準地点の経度[度]

e ：均時差[時]

3.2.3 太陽位置

任意の観測地点における天球上の太陽位置は，太陽高度と太陽方位角の2つの角度で表される（図3-10）。日中の太陽高度は正の値，夜間の太陽高度は負の値となる。太陽方位角は真南を0度として，真東-90[度]，真西+90[度]，真北±180[度]で定義され，午前は負の値，午後は正の値となる。

太陽高度 h は式(3-4)，太陽方位角 A は式(3-5)・式(3-6)から算出することができる。時角 t は，南中時（真太陽時12時）を0度として真太陽時 T を角度に換算した値である。太陽赤緯 δ（日赤緯，赤

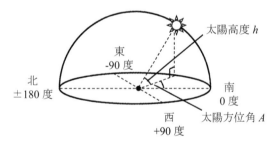

図3-10　太陽位置の表し方

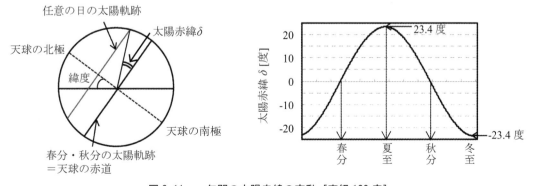

図3-11　一年間の太陽赤緯の変動［東経139度］

緯ともいう）δは，計算対象日の太陽軌跡と天球の赤道（春分・秋分の太陽軌跡）のなす角度のことで，春分・秋分は0度，夏至は約+23.4度，冬至は約-23.4度となる（図3-11）。

$$\sin h = \sin\varphi\sin\delta + \cos\varphi\cos\delta\cos t \tag{3-4}$$

$$\sin A = \frac{\cos\delta\sin t}{\cos h} \tag{3-5}$$

$$\cos A = \frac{\sin h\sin\varphi - \sin\delta}{\cos h\cos\varphi} \tag{3-6}$$

① $\sin A > 0$ かつ $\cos A < 0$ の時，

$$A = \tan^{-1}\left(\frac{\sin A}{\cos A}\right) + 180$$

② $\sin A < 0$ かつ $\cos A < 0$ の時，

$$A = \tan^{-1}\left(\frac{\sin A}{\cos A}\right) - 180$$

③ ①②以外の時，

$$A = \tan^{-1}\left(\frac{\sin A}{\cos A}\right)$$

ここで，

h ：太陽高度［度］
A ：太陽方位角［度］
φ ：緯度［度］
δ ：太陽赤緯［度］
t ：時角［度］（$=(T-12)\times 15$）

式(3-4)～式(3-6)を用いて，任意の場所における任意の日時の太陽高度，太陽方位角を算出することはできるが，少々複雑で，煩雑な手続きを要する。そこで，厳密ではないにせよ，おおよその太陽位置を知りたい場合には，太陽位置図が便利である。太陽位置図とは，任意の場所における任意の日の太陽軌跡を水平面あるいは垂直面上に射影した図で，例えば，等距離射影で作成した北緯35度の太陽位置図は図3-12のようになる。任意の日の太陽軌跡（円を横切る線）と，太陽位置を求めたい時刻（真太陽時）の線（すべての日付の太陽軌跡を横断する線）の交点を見つけ，交点を同心円状に上側にたどっていくと太陽高度，放射状に円の外側にたどっていくと太陽方位角の値をそれぞれ読み取ることができる。

3.2 太陽と地球

【太陽位置図の読み取り方】

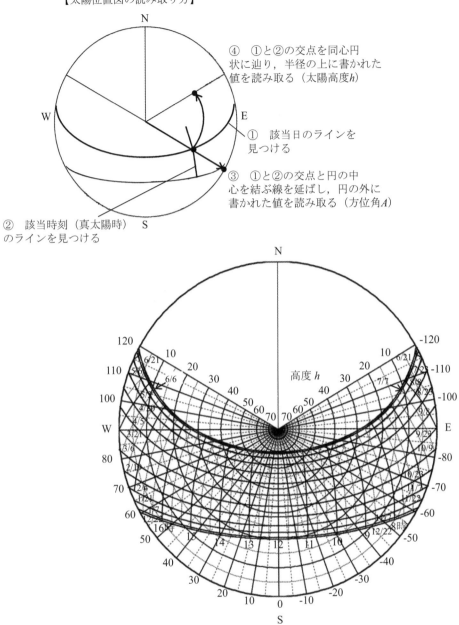

① 該当日のラインを見つける

② 該当時刻（真太陽時）のラインを見つける

③ ①と②の交点と円の中心を結ぶ線を延ばし，円の外に書かれた値を読み取る（方位角A）

④ ①と②の交点を同心円状に辿り，半径の上に書かれた値を読み取る（太陽高度h）

図 3-12 太陽位置図［北緯 35 度，等距離射影］

コーヒーブレイク（太陽位置図と射影方式）

図 3-12 は等距離射影によって作図しているが，等距離射影以外にも，等立体角射影，正射影，極射影などさまざまな射影方式がある。東京とヘルシンキの春分・秋分，夏至，冬至の太陽位置図を各射影方式で描いた図を以下に示す。東京と比べ緯度の高いヘルシンキでは，射影方式による太陽位置図の違いが顕著である。魚眼レンズ付きのカメラで地面から天空に向けて撮影した写真と，撮影に用いたレンズと同じ射影方式で描いた太陽位置図を重ね合わせれば，任意の日時に建物によって太陽が隠れるか否かを判定することができ，日照時間の検討に便利である。高緯度地点の冬季の太陽位置図は，正射影では地平線とほぼ重なってしまい，太陽位置の読み取りは難しくなる。しかし，地面から天空を撮影した画像中に占める天空の面積割合が天空率（5.1.2 高さ規制を参照）に対応することから，日照時間と天空率を同時に検討しやすいというメリットもある。

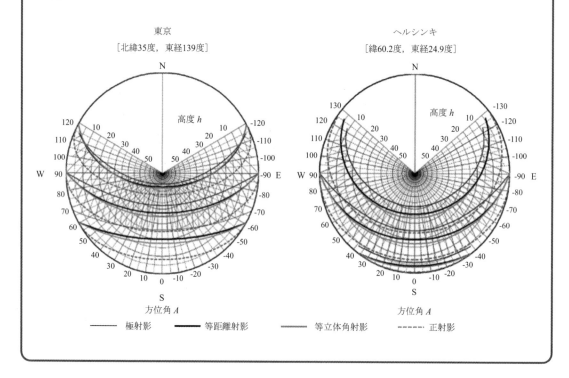

3.3 日照と日影

低層の建物が建ち並ぶ地域に新たに高層のマンションを建設することで，既存建物の日当たり（日照）を阻害するようなことがあってはならない。建設予定の建物が周辺地域に与える影響のひとつとして，年間を通じて周囲にどのような影を落とすのかを十分に検討する必要がある。本節では，日照

の意義ならびに日照の程度を表す指標，建築物による日影の求め方について解説する。なお，日照に関する規制，基準に関しては，5.1 を参照されたい。

3.3.1 日照

日本のように四季のある気候帯域では，夏季と冬季とで日照に対する要求は異なる。夏季は高温高湿となるため，建築内部への必要以上の日射（日照）の侵入は防ぎたい。一方，冬季は極力日照を確保し暖を採ることが，快適な温熱環境の実現ならびに暖房費の節減につながる。

天候や周辺建物の立地条件とは関係なく，理論上日照がありうる時間（日の出から日没までの時間）を可照時間という。周辺建物や障害物の影響により日影となった時間を除いて，実際に日照があった時間を日照時間という（気象学では，障害物の影響は考慮されず，直達日射量 120 $[W/m^2]$ 以上を日照と定義する）。日照率は可照時間に対する日照時間の比（日照時間/可照時間）で与えられる。

3.3.2 日影位置

水平な地面に立つ高さ H の垂直棒の影の長さ及び影の方位角は以下の通り求められる。

$$L = H/\tan h \tag{3-7}$$

$$a = A \pm 180 \tag{3-8}$$

ここで，

L ：影の長さ

H ：棒の長さ

h ：太陽高度［度］

A ：太陽方位角［度］

a ：影の方位角［度］

任意の地点の任意の日時における太陽位置を求め，式(3-7)・式(3-8)を適用することで，当該建物

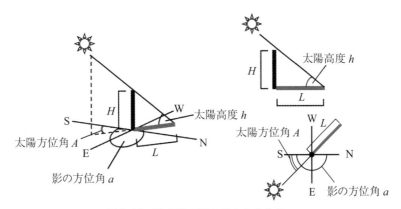

図 3-13　垂直棒の影の長さと方位角

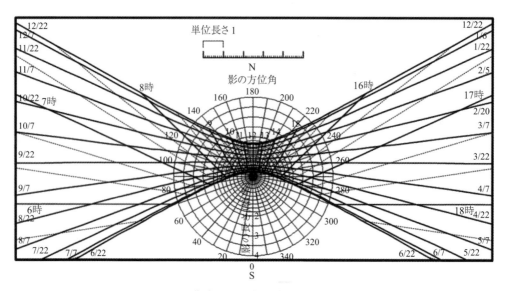

図 3-14　水平面日影曲線図［北緯 35 度］　※図中の時刻は真太陽時

がつくる影の長さ・方位角を逐一求めることはできるが，日影曲線図を使ってより簡便に影の長さと方位角を求めることもできる。例えば，北緯 35 [度] の日影曲線図は図 3-14 に示す通りで，座標原点に垂直に置かれた単位長さ 1 の棒による影の先端が一日を通して水平面上に描く軌跡を示している。日影の長さ（太陽高度に対応）と日影の方位角（太陽方位角に対応）の読み取り方は，太陽位置図と同様である。任意の日付の日影の軌跡を表す曲線と対象時刻（真太陽時）の線との交点が原点に置かれた単位長さ 1 の棒による影の先端の位置となる。この交点と原点の間の長さが単位長さ 1 に対する影の長さ，すなわち，影の長さの倍率となり，原点とこの交点を結ぶ方向が日影の方位となる。建物による日影の長さを求めるには，建物高さに読み取った影の長さの倍率をかければ良い。

3.3.3　日影時間図

建築物の日影が周辺環境にもたらす影響を知るには，当該建物によってできる影の領域がどの範囲まで及ぶのかを図示するとわかりやすい。図 3-15 は，北緯 35 度地点での春分・秋分，夏至，冬至の日の立方体による日影を 1 時間おきに描いたものである。このような任意の物体による日影の形を描いた図を日影図という。また，一日を通して任意の物体によってできる日影の時間が等しい地点を結んだ線を等時間日影線といい，一定時間ごとの等時間日影線を重ね合わせて描いた図を日影時間図という。冬至の日の真太陽時 8 時から 16 時の間の日影時間図を図 3-15 中に併記した。春分・秋分の日の日影図を見ると，影の先端の軌跡は東西軸にほぼ平行で一直線に近い形となる。夏至の日は，日の出，日没とも東西より北側の地点にて起こるため，日の出から真太陽時 8 時頃までと真太陽時 16 時以降日没までの時間帯には，南側にも日影ができる。冬至の日は，一年間の中で太陽高度がもっとも低い日で，日影の長さはもっとも長くなる。

図 3-15 中の斜線で示す範囲は一日中日影となる。このように，一日を通して日影となる場所は終

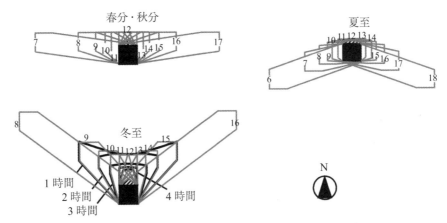

図 3-15 立方体による日影図と日影時間図 [北緯 35 度]
※図中の時刻は真太陽時

日影（終日日影ともいう）と呼ばれ，一年中日影になる場所は永久影（永久日影ともいう）と呼ばれる。永久影は，一年でもっとも影の長さが短くなる夏至の日の終日影と等しい。

　日影がもたらす周辺環境への影響について検討する際は，一年を通してもっとも影の長さが長くなる冬至の日について検討するのが一般的である（5.1 日影規制を参照）。図 3-15 に示した立方体による影と，高さが 1.5 倍，幅が 2 倍になった場合の冬至の日の日影図を図 3-16 で比較する。影の長さは高さに比例して長くなるため，高さが高いほど日影は遠くまで到達する。しかし，4 時間以上日影になる範囲は，高さによらずほぼ同じである。一方，東西方向に立体の幅が広くなると，日影の到達距離は変わらないが，日影の幅が広くなり，長時間（4 時間以上）日影になる範囲が広がる。南北方向に奥行が広くなると，日影のできる範囲が遠くまで及び，比較的短時間（1〜3 時間）日影になる範囲が広がるが，長時間（4 時間以上）日影になる範囲はあまり変わらない。

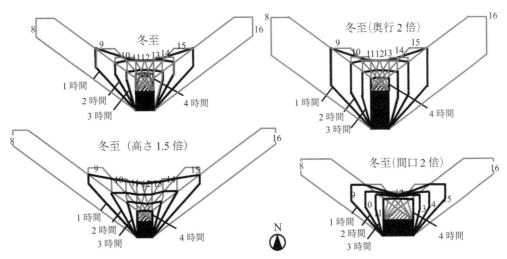

図 3-16 立体物の高さ・幅による日影範囲の違い [北緯 35 度]
※図中の時刻は真太陽時

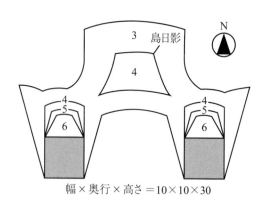

図 3-17　複数等による日影時間図の例 ［北緯 36 度］[5]

　実際には，複雑な形状の複数の建物による日影を検討することになる。実務ではコンピュータを用いて日影時間を検討するのが一般的である。図 3-17 は複数の建物による日影時間図の例である。単一の建物による日影であれば，建物から遠ざかるほど日影時間は短くなっていくが，複数の建物が隣接して建っているような場合は，両建物から遠く離れていても周辺領域より日影時間が長くなる場所が生じることがある。これを島日影という。

コーヒーブレイク（世界の太陽位置図）

　フィンランド北部では，夏季は太陽がほぼ沈まず，冬季は，あっという間に日が沈む。夏至の日の出は真太陽時で2時40分頃，日没は21時20分頃，冬至の日の出は9時10分頃，日没は14時50分頃であり，夏季は日照時間が18時間以上あるのに対し，冬季は日照時間がわずか5時間40分ほどである。高緯度地域では，冬季の日照時間が短いがゆえに，気分が落ち込んだり，眠気が強くなる冬季うつ病（SAD: Seasonal Affective Disorder）の発症率が高い。

　一方，タイ・バンコクでは，一年中太陽高度が高く，季節によらず太陽位置はほぼ等しい。日の出は5時40分〜6時20分頃，日没は17時40分〜18時20分と一年を通して1時間も差がない。日影の長さも一年中短く，特に夏季の11時から13時頃は日影はほぼない。屋外で日射の影響を避けるのは難しく，建物内に入らない限り厳しい。

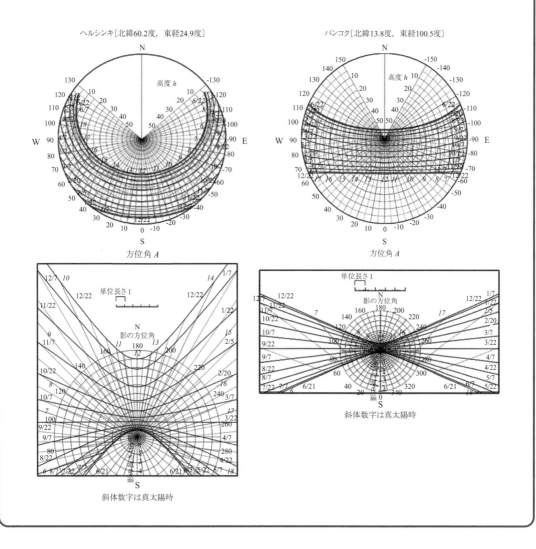

3.4 昼光光源

太陽放射に基づく光を昼光光源と呼ぶ。昼光光源により建築内部を照明することは，居住者の心理・生理ならびに人工照明の負荷低減の観点で好ましいが，過剰な昼光はグレアなどの不快感や熱負荷の増大を招きかねない。昼光光源の特徴を把握し，その利点を最大限に活かす設計を考えたい。

3.4.1 昼光光源の分類

3.1で記したように，地球上には太陽からの直射日光と大気で散乱された天空光が到達する。直射日光の強さは直射日光照度，天空光の強さは天空光照度，両者の合計値を昼光照度（グローバル照度ともいう）として表す。直射日光は極めて指向性の強い光，天空光は拡散性の光であり，両者が光環境にもたらす影響は異なるため，昼光光源による光環境の検討には，直射日光照度と天空光照度をわけて測定する必要がある。例えば，図3-18に示すような日射遮蔽リングを用いて，直射日光を遮って全天空照度（天空遮蔽物のない地表において天空光により生じる水平面照度）を測定する。直射日光を遮蔽しない状態で昼光照度を測定し，両者の差から直射日光照度を求めることができる。

建物の壁や傾斜面などには，直射日光，天空光だけでなく，これらが地物（地面や建物外壁面など）で反射することによる地物反射光も到達することになる（図3-19）。室内へ入射する昼光を考える際には，直射日光，天空光，地物反射光を全て昼光光源として扱う。

図3-18 日射遮蔽リングを用いた全天空照度の測定

図3-19 地表面に到達する昼光の内訳

3.4.2 直射日光の特徴

直射日光とは太陽から直接放射される光のことである。太陽自体は非常に大きい光源（半径約 6.96 × 10^5[km]，地球のおおよそ 109 倍）であるが，太陽と地球は約 1 億 5,000 万[km]も離れているため，地球から見た太陽はほぼ点光源となり，直射日光は極めて指向性の強い光として地球上に届く。

太陽光の発光効率は 94.2[lm/W][6]，大気の状態や太陽位置によって地上に到達する直射日光の発光効率[注4]は 80〜120[lm/W]で変化する。海面高さでの晴天時の法線面直射日光照度は最大 10 万[lx]程度[6]である。直射日光はその量が非常に大きいため，照明用エネルギー削減の観点からは室内照明として活用することが望ましいが，量・色とも時々刻々変化すること，また，強い指向性のためグレアや明るさのむらを生じる可能性があることなどから，何らかの建築的工夫を施し，直射日光が室内に直接入射することは避けた上で，拡散させた状態で室内に採り入れる必要がある。

図 3-20 に例として，東京における実測値[7]に基づく各方位の面が受ける直射日光照度の一日の変動を示す。各方位の面が受ける直射日光照度は，式(3-9)〜式(3-11)より求められる。

水平面直射日光照度 $E_{dh}=E_{dn}*\sin h$ (3-9)

鉛直面直射日光照度 $E_{dv}=E_{dn}*\cos h*\cos(A-A_v)$ (3-10)

傾斜面直射日光照度 $E_{d\theta}=E_{dn}*\cos i$ (3-11)

ただし，$\cos i=\cos\theta*\sin h+\sin\theta*\cos h*\cos(A-A_\theta)$

ここで，

E_{dn} ：法線面直射日光照度[lx]

h ：太陽高度[度]

A ：太陽方位角[度]

A_v ：鉛直面の方位角[度]

A_θ ：傾斜面の方位角[度]

θ ：傾斜面の地面に対する傾斜角[度]

i ：傾斜面に対する直射日光の入射角[度]

ここで例に示した日は，法線面直射日光照度がほぼ同等の日である。春分〜夏至〜秋分にかけては，日の出直後と日没直前に太陽が北側にも位置するため，北側鉛直面にも直射日光が当たることになる。また，太陽高度が高くなる夏季日中には，南側鉛直面が受ける直射日光照度が東西鉛直面や水平面が受ける直射日光照度よりも低いことがわかる。一方，冬季にはこの関係が逆転し，南側鉛直面が受ける直射日光照度が東西鉛直面や水平面よりも圧倒的に大きくなる。夏季は直射日光の影響が小さく，日照時間の短い冬季にはもっとも直射日光を採り入れやすい南向きに面する住戸が日本で好まれる所以はここにある。

図 3-20 で例示した日は，比較的一日安定して晴れた日であるが，天候によって直射日光はその量，

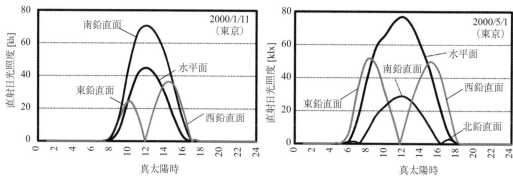

図3-20 方位別直射日光照度の一日の変化[7]

色とも大きく変動する。図3-21にある一日の水平面直射日光照度と天空光照度の変動を示す。この日は雲による太陽の見え隠れによって直射日光照度が頻繁に変化している。天空光照度も変動しているが，その変化の程度は直射日光に比べて小さい。

直射日光はその量だけでなく，色も一日の中で変化する。一般に太陽高度が高いほど色温度も高い。日の出後と日没前は2500[K]，朝と夕方は3000〜4000[K]，南中時は5250[K]程度となる。

注3) 人工照明の発光効率は，投入した電力[W]に対するランプから出力される光束[lm]の割合を表すが，昼光のそれは意味合いが異なる。昼光の場合は，室内に流入する熱量[W]のうち，可視光の光束[lm]が占める割合を指す。人工照明のW（電力）は消費するだけであるが，昼光のW（熱）は室内で処理する空調負荷になるため，単に光源のlm/Wで省エネルギー性能を比較するのではなく，窓ガラスや開口部周りのシステムの熱性能も含めたlm/Wで昼光照明の省エネルギー性能は考えなければならない。室内に流入する熱量[W]を極力小さくすることが昼光照明の発光効率を高めることにつながる。

現時点では，人工照明と昼光照明の発光効率を区別する学術的な用語がないため，同じ単位である"発光効率"という用語を使っているが，昼光と人工光とでは発光効率の意味合いが異なることに注意しなければならない。

3.4.3 天空光の特徴

天空光は，太陽放射が大気中の水蒸気や塵・埃によって散乱，拡散されて届く光であり，拡散性の

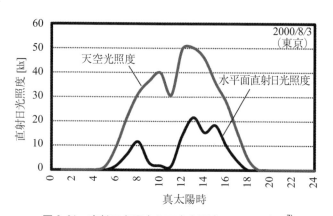

図3-21 直射日光照度と天空光照度の一日の変化[7]

光である。大気の状態や太陽位置により天空光の発光効率は 110〜125[lm/W]となる。水平面全天空照度は最大 45[klx]程度[6]である。天空光は直射日光とは異なり，拡散性の光であるから，量・色の変動も比較的小さく，グレアなどを引き起こす可能性も低いことから，室内に積極的に採り入れ照明用光源

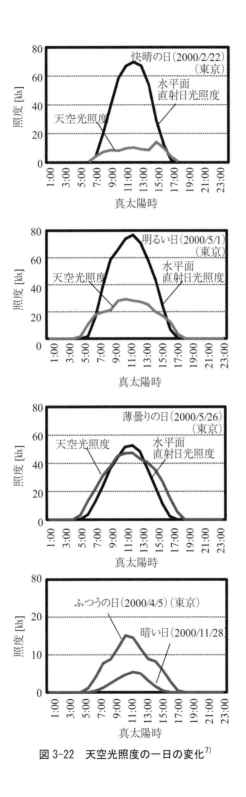

図 3-22　天空光照度の一日の変化[7]

として活用することが望ましい。

図 3-22 に異なる天候の日の天空光照度の一日の変動を示す。太陽が完全に雲に隠れている日以外は，図中に水平面直射日光照度も併記した。快晴の日，明るい日よりも薄曇りの日の方が，反射率の高い雲によって直射日光が拡散され，天空光照度は安定して高くなることがわかる（表3-4 を参照）。

天空光も直射日光と同様に方位や天候によって色温度は異なるが，特に澄んだ北西の青空光で 25500[K]，北西の青天光で 12300[K]，曇天光で 6250[K]程度と，直射日光の色温度よりも高い。

3.4.4 地物反射光の特徴

地物反射光は，路面や対向建物外表面の反射率（アルベードという）によってその量が異なるが，概ね天空光の 10％程度として扱うことが多い。直射日光や天空光に比べ，室内光環境に与える影響は小さいが，雪国では積雪時に建物周辺の地表面反射率が通常よりも高くなることで，地物反射光によって室内上方が明るくなる効果も期待できる（夜間も積雪時には，街路灯等からの光による地物反射光で明るくなる）。神社仏閣などに見られる白砂や敷石にも，同様の効果が期待できる（図3-23）。表3-2 に各種地表面のアルベードを示す。

地物反射光は，直射日光や天空光に比べその量は小さいが，鏡面反射に近い高反射率面（ガラスや金属パネルなど）に直射日光が当たった場合，反射グレアを生じることもある（図3-24）。直射日光の反射グレアが周辺建物に影響を与える可能性がある場合は，外装面の選定に特に配慮が必要である。

図 3-23　地物反射光による明るさ確保

表 3-2　各種地表面のアルベード[8]

乾燥した黒土	14%	乾いた草地	15～25%	森林	4～10%
湿った黒土	8%	湿った草地	14～26%	新雪	81%
乾いた灰色地表面	25～30%	乾いた砂地	18%	残雪	46～70%
湿った灰色地表面	10～12%	湿った砂地	9%		

図3-24 外装面での反射による直射日光の反射グレア

3.5 窓・開口部

　室内に昼光を採り入れる手法としてもっとも一般的なのは窓からの採光である。窓は採光以外にも、開放感や眺望などさまざまな心理的に良い効果をもたらしてくれる。一方で、熱や騒音の流出入などは建築室内環境にとって弱点となる。窓に期待される良い効果を最大限確保しつつ、弱点をどう克服すれば良いのか考えよう。

3.5.1 窓の種類・名称

　外部環境から人間を守るシェルターの役割を果たす建築は、基本的には外部に対して閉じた空間となる。外部の情報（眺望や時間、天候など）や自然環境（昼光、外気など）を取り入れる唯一の部位となるのが窓である。窓はその設置位置や開閉方式、機能によって分類することができる。表3-3にその一部を示す。

　窓を設置する建築部位による分類（壁面に設置する側窓、屋根・天井面に設置する天窓など）、窓を設置する面の数による分類（片側窓、両側窓など）、居住者の目線高さとの関係による分類（腰窓、高窓、地窓など）、開閉の仕方・開閉機能による分類（引き違い窓、上げ下げ窓、滑り出し窓、ゴミが掃き出せる掃き出し窓、開閉できないはめ殺し窓など）など、さまざまな分類の仕方がある。

3.5.2 窓・開口部の心理的効果

　窓は、昼光を室内に採り入れ室内を明るくするだけでなく、天候や時刻などの外部情報や眺望などの取得にも役立つ。また、外部に開かれた窓は、居住者に開放感と適度な刺激をもたらす。作業環境にあっては、一時的に窓に視線を送ることによってリラックスや気分転換を図ることができる。ひいては作業性、室内視環境の快適性向上も期待される。しかし、後述（3.6）するように、直射日光が直接照射される窓面には、ブラインドやカーテン等の日除けを設置するのが一般的である。直射日光遮蔽装置によって、窓が持ち合わせている諸機能が損なわれないよう工夫が求められる。また、側窓で

表 3-3 窓の種類

設置位置による分類	側窓				
	片側窓	両側窓	腰窓	高窓	地窓
	天窓		頂側窓		
	天窓	擬似天窓	頂側窓	のこぎり屋根	越屋根
開閉方式による分類	引き違い窓	上げ下げ窓	滑り出し窓	掃き出し窓	はめ殺し窓

は，プライバシー確保の観点で，外部からの視線に注意する必要がある。

3.5.3 窓・開口部の採光性能と定量的指標

窓からの採光性能を表す指標のひとつに昼光率がある。昼光率とは，室内の任意の受照面における昼光による照度の全天空照度に対する割合のことで，理論的には式(3-12)で定義される。

$$昼光率 \ D = \frac{E}{E_s} = \frac{E_d + E_r}{E_s} = \underbrace{\frac{E_d}{E_s}}_{直接昼光率 \ D_s} + \underbrace{\frac{E_r}{E_s}}_{間接昼光率 \ D_r} \tag{3-12}$$

E ：受照面における直射日光以外からの昼光による照度[lx]
E_s：全天空照度[lx]
E_d：窓から得られる直射日光を除く直接昼光照度[lx]
E_r：窓から入射する直射日光を除く昼光の室内表面での反射による間接昼光照度[lx]

3.4.2 で記したように，直射日光は時々刻々と変動するため，室内への安定的な採光を考える場合には，不安定な光源といえる。昼光率は，不安定な光源である直射日光を除外し，天空光のみを対象に定義されており，瞬時の天候変化によらない安定的な指標となる。直接昼光率の値に表 3-4 に示す設計用全天空照度の値を掛け合せれば，室内任意の点において期待される天空光による直接照度を概算できる。

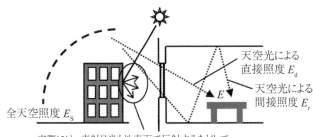

図 3-25　昼光率と昼光照度

表 3-4　設計用全天空照度

空の状態	設計用全天空照度 E_s[lx]
特に明るい日 (薄曇，雲の多い晴天)	50000
明るい日	30000
普通の日	15000
暗い日	5000
非常に暗い日 (雷雲，降雪中)	2000
快晴の青空	10000

しかし実際には，周辺建物の外壁面や日よけ装置（ひさし，ライトシェルフ，ブラインドなど）などで反射した直射日光の拡散光も室内には入射する。昼光率のみで実際に得られる昼光照度を推定することはできない。また，昼光率が同等であっても，天空の輝度分布によって得られる昼光照度は異なる。最近では，DA[9]（Daylight Autonomy，日中に必要照度以上が得られる時間長の割合）やUDI[10]（Useful Daylight Illuminance，2000[lx]以上の高照度はグレアや熱をもたらすとして，100～2000[lx]が得られる時間長の割合）など，実際に昼光光源として活用できる状況での昼光照度に基づく指標も提案されている。

窓から室内の各部位に届けられる昼光の量は，窓の大きさ・形状，受照点と窓の位置関係によって異なる。一様輝度で均等拡散の窓を仮定すれば，窓から室内の任意の点に届けられる昼光の量は，任意の点に対する窓の立体角投射率（2.2.1　直接照度の計算方法を参照）に比例する。窓などの面光源から得られる直接照度は式(3-13)から求めることができ，特に均等拡散面の面光源の場合には式(3-13')の通り概算することができる。

面光源による直接照度　$E_d = \pi \sum_{i=1}^{n} L_i \times \phi_i$ 　　　　　　　　　　　　　(3-13)

均等拡散の面光源による直接照度　$E_d = \sum_{i=1}^{n} M_i \times \phi_i$ 　　　　　　　　　　(3-13')

L_i　：光源 i の輝度[cd/m²]

M_i ：均等拡散の光源 i の光束発散度 [lm/m²]

ϕ_i ：受照点から見た光源 i の立体角投射率 [-]

n ：受照点に光を与える光源の数

コーヒーブレイク（窓の位置と採光効果）

右下図のように同じ形状・大きさの天窓，頂側窓，側窓について，机や床などの水平面に対する立体角投射率をそれぞれ U_A, U_B, U_C, 壁などの鉛直面に対する立体角投射率をそれぞれ U_A', U_B', U_C' とすると，多くの場合，$U_C<U_B<U_A$, $U_A'<U_B'<U_C'$ となる（ただし，対象点の高さや窓設置面と対象点の位置関係によってはこの限りでない）。机上面などを明るくしたい場合は天窓が有利で，建築基準法第 28 条の採光規定では，天窓は面積が等しい側窓の 3 倍の採光効果があるとされる（5.1.3 採光規定を参照）。壁や居住者の顔面などを明るくしたい場合には側窓が有利で，眺望の確保にも有効である。

天窓や頂側窓からは，ほぼ天空しか望むことができないが，対向建物が極端に近接していない限り，側窓からは，天空と地表面の両方を望むことができる。眺望としては，天空と地表面の両方が見える方が居住者の満足度が高いという実験結果もあり[11]，採光だけでない窓の機能・心理的効果も考慮した窓の計画が求められる。

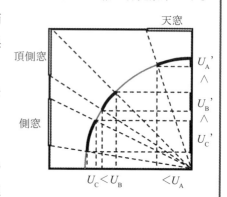

3.6 昼光制御

積極的な昼光利用には，直射日光の適切なコントロールが不可欠である。ここでは，窓から直射日光が室内に入射する範囲を定量的に求める方法を解説する。また，直射日光を遮蔽するために用いられる各種日よけ，直射日光を効果的に室内照明として活用するための各種システムを紹介する。

3.6.1 直射日光の室内への入射

直射日光が窓面に直接照射されると，窓際への過度な日射熱の流入や窓面のグレア，室内照射部位の光幕反射などさまざまな問題が生じる。ひさしやブラインドなどの日よけ装置を使って，直射日光の入射を適切にコントロールする必要があるが，そのためにはまず，室内に直射日光がどのように入射するかを予測しなければならない。

図 3-26 に示すような室内において，直射日光が直接照射される部位の窓面からの垂直距離 y は式

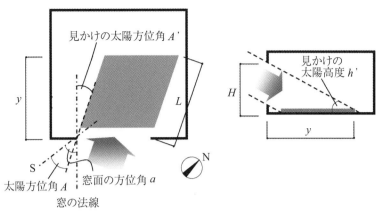

図3-26 窓からの直射日光入射範囲

(3-14)より求めることができる。

$$y = L*\cos A' = \frac{H}{\tan h}*\cos(A-a) = \frac{H}{\tan h'} \tag{3-14}$$

h ：太陽高度［度］

h' ：見かけの太陽高度（プロファイル角ともいう）（$\tan^{-1} = \frac{\tan h}{\cos A'}$）

A ：太陽方位角［度］

a ：窓面方位角［度］

A' ：見かけの太陽方位角（＝$A - a$）

H ：窓上端の高さ

　見かけの太陽高度（プロファイル角）と見かけの太陽方位角（図3-27）がわかれば，直射日光が直接照射される室内の位置を求めることができ，直射日光の直接照射を防ぐための日よけの計画（ひさしの長さ，ブラインドスラットの角度設定など）も可能となる。

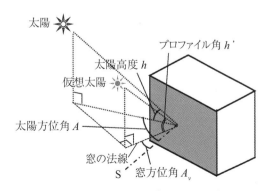

図3-27 太陽高度とプロファイル角

3.6.2 各種日よけ

日よけの目的は，直射日光が室内に直接入射するのを防ぐことにあるが，単に直射日光を遮蔽するだけでなく，遮蔽面で拡散反射させ室内に採り入れようとするもの，太陽位置や天候に応じて角度や透過率などを適宜調整し，直射日光による不具合は最小限に抑えた上で，可能な限り昼光光源として直射日光を活用しようとするものなど，さまざまな種類がある。ここでは，設置箇所（屋外／屋内），固定型／可動型によって分類し，それぞれ代表的な例を紹介する。

① 屋外に設置する固定型の日よけ

a：ひさし，軒，バルコニー（図 3-28，図 3-29）

ひさし・軒は，各階の窓の上側に設置し，雨除けの役割を果たすと同時に直射日光も遮蔽する。上階のベランダやバルコニーが下階のひさしの役割を兼ねることもある。この場合，ベランダ・バルコニーの反射率を高めに設定すれば，ベランダ・バルコニーで拡散反射した昼光で室内天井面を照射することも期待できる。浅い角度で窓面に入射する冬の西日などをひさしだけで遮蔽しようとすればかなり長くする必要がある。外壁又は柱の中心線から水平距離で 1m 以上突き出ている部分は建築面積に加算されてしまうこと，また，片持ち梁の構造となるので，長さはある程度に抑えて，他の日よけ装置を併用するのが現実的である。

図 3-28 ひさし

図 3-29 バルコニー

b：ライトシェルフ（図 3-30，図 3-31）

中庇（なかひさし），光棚（ひかりだな）とも呼ばれる。ひさしが窓上端に設置されるのに対し，ライトシェルフは窓の中間に取り付けられる。ライトシェルフより下の窓から直射日光が室内に入射するのを防ぎつつ，ライトシェルフ上面で反射した直射日光が室奥天井に照射され，天井面で反射した間接光により室内が照明される。窓際の直射日光遮蔽，天井面からの反射光供給によって室全体の均斉度を高めることができる。内庇と外庇で構成されるのが基本形であるが，天井高の低い室では内庇が圧迫感につながるので，外庇のみを設置する場合も多い。後付けが可能なため，学校のエコ改修などで採用されることも多い。

3.6 昼光制御

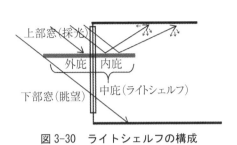

図3-30　ライトシェルフの構成

図3-31　ライトシェルフ

② 屋外に設置する可動型の日よけ

a：外付けルーバー，外付けブラインド（図3-32，図3-33）

羽根の角度を適宜調整し，直射日光を遮蔽する。必要に応じて羽根を開閉・角度調整して（ブライ

図3-32　外付けルーバー

図3-33　外付けブラインド

図 3-34 オーニング

図 3-35 すだれ

図 3-36 よしず

ンドは上げ下ろしも可能），可能な限り眺望を確保することもできる。羽根の材質は木，ガラス，金属など多岐にわたる。羽根面で反射された直射日光が室奥の天井面に照射され，天井面で反射した拡散光で室奥を照明することもできる。

b：オーニング（図 3-34）

　窓に取り付けられる布製の開閉可能な日よけで，カフェやブティックなどの店舗建築に利用されることが多い。

c：すだれ，よしず（図 3-35，図 3-36）

　竹や葦などの天然素材で作られる。すだれは必要に応じて巻き上げ，よしずは折り畳んで調整する。天然素材ゆえ，窓面に対して下ろした状態であっても，隙間から漏れ光，通風を確保できる。

③　ガラスや膜素材など建築材料[12]

a：フォトクロミック調光ガラス（図 3-37）

　ハロゲン化銀などの光照射で着色し，暗所で消色するフォトクロミズム現象を利用したガラス。太陽の光（紫外線）が当たると黒く着色する。可視域の透過率は下がるが，赤外域は素通しのため，冷房負荷削減効果は少ない。着色に比べ消色が遅く，着消色反応の温度依存性が大きいため，建築用にはまだあまり利用されていない。

図 3-37　フォトクロミック調光ガラス

b：液晶調光ガラス（図 3-38）

　透明導電膜間にランダムに分散された液晶分子が（ランダム配向では，入射した光がさまざまな方向に多重散乱され曇状態），通電することで生じた電界と平行に配向され，透明−不透明が瞬時に変化するガラス。この調光ガラスでは，太陽光のほとんどが室内側へ拡散入射するため，省エネルギー（冷房負荷の低減）よりも，視界の制御に適する。

図 3-38　液晶調光ガラス

c：サーモクロミック調光ガラス（図 3-39）

　有機ポリマを透明基板に挟み，温度を上げるとポリマが白濁する現象を利用したガラス。白濁した部分の輝度が下がることでグレアの防止も期待されるが，周辺の障害物によって窓面に照射される直射日光にむらが生じる場合，窓ガラス全体に斑点模様が生じる。

図3-39 直射日光照射によって白濁するサーモクロミック調光ガラス

d：エレクトロクロミック調光ガラス（図3-40，図3-41）

透明導電膜で調光層（酸化タングステンWO_3などの電気化学的な酸化還元反応で色が変化する物質と電解質，対局層で構成）を挟み，ガラスでサンドしている。酸化タングステンWO_3側の透明電動膜を負になるように電圧を印加することで，透明導電膜から電子，電解質から陽イオンが注入され，タングステンブロンズM_xWO_3を生じて青く発色する。逆電圧を印加しない限り，着色状態は持続する。着色することによって，可視光線透過率だけでなく，日射透過率も大幅に低下するため，省エネルギー効果（冷房負荷の低減）が期待される。

図3-40 エレクトロクロミック調光ガラス
（調光率 左：20％，右：6％）

図3-41 国際線飛行機の窓に使用されているエレクトロクロミック調光ガラス（ボタンで段調光できる）

④ 室内に設置する可動型の日よけ

a：カーテン

窓際に吊り下げて，遮光・防音する布。レースカーテンであれば，窓外の眺望をある程度確保する

ことが可能であり，厚地の布を床に接するように閉じれば，窓ガラスと布の間の空気層が断熱の役割を果たし，室内への冷気の流入も防げる。

b：ロールスクリーン

コードを使って引き下げたり，巻き上げたりして開閉させるロール状の布。日よけの効果は小さいが，布の種類によっては，直射日光を遮蔽・拡散させつつ，眺望をある程度確保することもできる。

c：ブラインド

複数の羽板（スラット）で構成され，横型のものは，上げ下ろし，縦型のものは左右に動かし，さらにスラットの角度を調整して，直射日光を遮蔽する。スラットに当たった昼光は天井面に向けて反射させ，天井面からの拡散光で室内を明るくすることができる。スラットの素材は，金属，布，木など種々ある。

c'：角度変化型ブラインド（図 3-42）

スラットの角度を一枚ずつ制御できるブラインド。居住者の目線高さのスラットは開放気味にし，上部のスラットは閉じ気味にすることで，眺望を確保しつつ，スラット面で反射された昼光を天井面に照射させ，天井面で拡散反射した光により室内を照明できる。

d：障子戸（図 3-43）

紙を張った引き違いの木製サッシで，強い日差しを拡散させ，室内に柔らかい拡散光をもたらすとともに，断熱，プライバシーの確保にも役立つ。

図 3-42　角度変化型ブラインド

図 3-43　障子戸

3.6.3 直射日光利用型の窓システム

a：太陽光利用照明システム（図3-44，図3-45）

通称，光ダクトシステムとも呼ばれている。高反射率の金属で作られたダクト（本来は，空気調和のために気体を搬送する内部が空洞の設備のこと）内に光を伝播させることによって，室奥や地下空間など，昼光が直接届かない場所に昼光を届けるシステム。採光部，導光部，放光部で構成される。

太陽光利用照明システムは，水平方向にも垂直方向にも設置することができる。水平式の場合はダクトを通すための天井上スペースの確保が必要となる。また，遠くまで昼光を届けるために導光距離

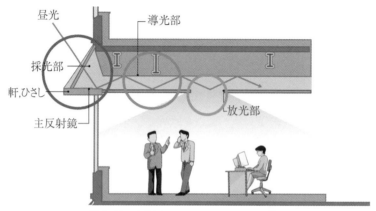

図3-44　太陽光利用照明システムの構成

外観

採光部

放光部

放光部

図3-45　太陽光利用照明

を延ばせば延ばすほど，ダクト内での反射回数が増え，室奥に届く光量は少なくなる。垂直式の場合は，設置数を増やせば増やすほど，上部階の床面積確保が難しくなる。また，窓からの採光とは異なり，昼光導入量は確保できても，窓から得られる外部情報，眺望などを得ることはできない。

b：採光フィルム（図3-46）

窓に後から貼り付けることができる。鉛直面に貼った採光フィルムに入射した昼光が屈折し，室内の天井面に向けて照射されることで，拡散した昼光が室内全体に行き渡る。窓面全体が不透明になるため，プライバシーの確保にも役立つ。

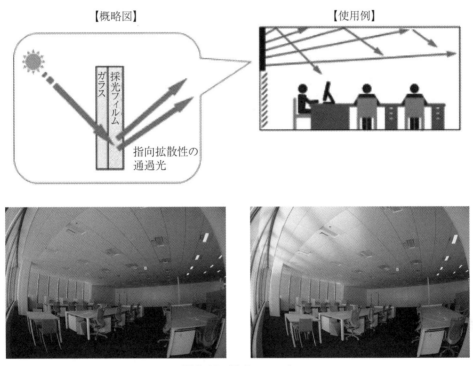

図3-46　採光フィルム

3.6.4　昼光照明の留意点

建物運用段階で建築設備で消費されるエネルギーのうち，照明設備は10〜30％程度を占めてきた[13]。一般照明に使用される光源が白熱電球や蛍光ランプからLED照明へと置き換わる中，LED光源の発光効率の向上は（2017年現在82〜175[lm/W]）照明用消費電力の大幅な削減をもたらし，また，照明器具からの発熱が空調負荷に与える影響も低減させた。2020年までに新築公共建築物等で，2030年までに新築建築物の平均でZEB（ネット）ゼロ・エネルギー・ビル化[注5]が求められる中[14]，照明用消費電力量を限りなくゼロに近づけることが求められている。日中は昼光を照明用光源として利用することで，人工照明の出力を抑える，すなわち照明用消費電力の低減を図ることが期待されるが，このとき以下の二点に注意する必要がある。

第一点目は，窓面と室内表面の輝度対比である。窓面が高輝度になると，壁や天井などの室内表面との輝度対比によって室全体を暗く感じてしまい[15]，人工照明の点灯が余儀なくされる場合がある。室全体の明るさを低下させることのないよう，窓面の輝度を適切にコントロールするとともに，昼光を室内表面を照明するアンビエント照明として利用することで，窓面と室内各面の輝度をできる限り均一に近づけるように工夫する。

　第二点目は，窓から入射する昼光による熱負荷である。照明用光源として室内に入射した昼光は，室内表面に照射された後には長波長放射へと変化し，室内に熱をもたらすこととなる。天空光や地物反射光は現在一般照明として用いられている人工光源の発光効率に匹敵するものの，直射日光は最新のHf蛍光ランプやLED照明に比べて発光効率は低く，また，室内に求められるよりも過剰な照度をもたらす場合も多い。3.4.2でも記したように，昼光照明の省エネルギー性能は，窓や開口部周りのシステムによっていかに室内に流入する熱量を減ずるかがポイントとなる。直射日光は日よけ等で適切に遮蔽した上で，室内に効率よく可視光を採り入れるシステムの採用が重要となる。

注4) 建築構造や設備の省エネルギー，再生可能エネルギー・未利用エネルギーの活用，地域内でのエネルギーの面的（相互）利用の対策をうまく組み合わせ，エネルギーを自給自足し，化石燃料などから得られるエネルギー消費量をゼロ，あるいは，概ねゼロにすること

参考文献

1) 坂田俊文著：「太陽」を解読する（1. 太陽の一生とリズム　太陽は大きな核融合炉），情報センター出版局，1991.

2) 国立天文台編：理科年表，第90冊，p.97，丸善出版，2017.

3) CIE Publication No. 20, Recommendation for integrated irradiance and the spectral distribution of simulated solar radiation for testing purposes, 1972.

4) 佐々木政子著：絵とデータで読む太陽紫外線-太陽と賢く仲良くつきあう法-（5章 太陽紫外線の人体リスクを考える），独立行政法人国立環境研究所 地球環境研究センター，2006.

5) 堀越哲美，他：建築環境工学環境のとらえ方とつくり方を学ぶ，p.36，学芸出版社，2009.

6) Illuminating Engineering Society of North America: Lighting Handbook, 8th Edition, pp. 363-367, 1993.

7) 日本建築学会編：拡張アメダス気象データ，丸善，2000.

8) 田中俊六，岩田利枝，寺尾道仁，武田仁，土屋喬雄著：最新 建築環境工学（第3版），井上書院，2016.

9) Reinhart, C. F., Mardaljevic, J. and Rogers, Z.: Dynamic Daylighting Performance Metrics for Sustainable Building Design, Leukos, 3(1), pp. 7-31, 2006.

10) Nabil, A. and Mardaljevic, J.: Useful Daylight Illuminance: A New Paradigm to Access Daylight in

Buildings, Lighting Research & Technology, 37(1), pp. 41-59, 2005.

11) 例えば，H. IJ Hellinga and G. J. de Bruin-Hordijk: Assessment of Daylight and View Quality- A Field Study in Office Buildings, Proceedings of CIE 2010 "Lighting Quality and Energy Efficiency", pp. 326-331, 2010.

12) 永井順一：ガラスの話(2)ガラスの表面処理と調光ガラス，空気調和・衛生工学，第68巻，第12号，pp. 109-115, 1994.

13) 一般社団法人日本サステナブル建築協会：DECC 非住宅建築物の環境関連データベース

14) 経済産業省 資源エネルギー庁 省エネルギー対策課：, ZEB ロードマップ検討委員会とりまとめ, 2015.

15) 例えば，加藤ら：昼光利用における窓面と壁面の好ましい輝度対比に関する研究（その4），日本建築学会大会学術講演会梗概集（環境工学I），pp. 563-564, 2014.

第 4 章　人工照明

昼光が得られない夜間に活動するためには人工照明が必要となる。また，昼光を人工照明で補うことで，より快適で安全な視環境を実現することも可能である。本章では，人工光源と照明器具の歴史，種類，制御方法等を学ぶ。

4.1　光源の歴史

4.1.1　発光の原理

　発光の原理には，温度放射とルミネセンスの2種が存在する。すべての物体は，物体が持つ物理的性質と温度に応じたエネルギーを放射するが，このメカニズムを利用し，放射エネルギーとしての可視光を利用するのが温度放射である。必ず熱の発生を伴うため，効率が低い発光原理となる。白熱電球など，フィラメントを用いて高音状態を作り出す光源がこれに該当する。これに対し，放電や電場効果など，外部刺激を利用して放射される光を利用するのがルミネセンスである。ルミネセンスのうち，蛍光ランプや放電ランプのように，放電による電子が原子に衝突した際に生じる光を利用するものは放電発光と呼ばれる。LED（発光ダイオード：Light Emitting Diode）や有機・無機 EL（エレクトロルミネセンス：Electro Luminescene）のように，電界をかけた材料内における電子と金属イオンの衝突や電子と正孔の再結合の際に生じる光を利用するものは電界発光と呼ばれる。

　可燃物の燃焼による炎の光は少し複雑である。高温状態における温度放射による光に加え，燃焼によって発生した不安定な OH，CH，C_2 などの分子が励起状態から基底状態に戻る際に放射される光の2種類が含まれており，後者は化学発光と呼ばれている。

4.1.2　炎の光

　人類にとって初めての人工光源は燃焼による炎の光であった。落雷や森林火災で炎の存在を知った人類は，炎の持つ光・熱エネルギーの有用性を認識し，さまざまな発火方法（例えば，図 4-1）を用いて炎を自らコントロールしはじめた。燃焼は，「可燃物」，「酸素」，「高エネルギー」の三要素が必須であり，炎の光を灯し続けるためには燃料となる可燃物を連続的に供給する必要がある。燃料は，草木・葉のように直接利用するものから，動植物を加工して得られる油脂へと変化し，さらに加工度を高めた蝋燭も利用された。これらの光は，蝋燭1本分の明るさが光度1cdの単位の根拠となったように，現代の光と比べると暗かった（例えば，100Wの白熱電球の光度は約100cd）。炎の光の時代の最後には，石油やガスを燃料とする装置も開発され，特にガス灯は燃料の供給という観点からは画期的であった。一方で，炎の光は火災の誘発等の弱点があり，電気による光の時代になると急速に姿を消した。

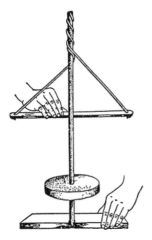
図 4-1　舞錐式の発火方法[1]

図 4-2　エジソンによる実用炭素電球（レプリカ）[1]

4.1.3　電気による光

　1808 年にハンフリー・デービーがアーク灯を，1878 年にジョセフ・スワンが炭素電球を，1879 年にトーマス・エジソンが実用炭素電球（図 4-2）をそれぞれ発明し，電気の光の時代の幕が開けた。実用炭素電球は現在の白熱電球と同様，物体が温度に応じた放射エネルギーを放出する温度放射の発光原理に基づくものであり，高温となったフィラメント部から放射される可視光を利用するものである。電球の出現により炎の光の問題点であった「燃料を供給し続ける手間」，「風に対する脆弱性」，「火災の誘発」といった問題点は解消され，かつ炎の光に比べて圧倒的に明るい光を手軽に利用できるようになった。

　その後，電気による光は気体や金属蒸気に放電する方法（放電発光）が確立され，温度放射を利用するものに比べて大幅に発光効率が向上した。放電発光としては，水銀ランプ(1901)，ネオン管(1907)，低圧ナトリウムランプ(1932)，蛍光ランプ(1938)，キセノンランプ(1944)，メタルハライドランプ(1961)，高圧ナトリウムランプ(1963)の順に開発され，それぞれの光源の特徴を活かした場所で利用されてきた。

　さらに，特定の材料に電界をかけることで発光させる電界発光の光源が開発された。LED は，正の電荷を含む半導体と負の電荷をもつ半導体に直流電圧をかけ，正負の電荷を再結合させる際に放出される光エネルギーを利用するものである。電界発光の光源としての LED の歴史は古く，1900 年代初頭から特定材料に電流を流すと発光することは知られており，1921 年にはダイオードに電流を流すと発光することが確認されている。1962 年に赤色の可視光を放射する LED が開発され，光源としての利用の可能性への期待が高まったが，青色の光を放射する LED の開発が難航し，インジケーター等への利用にとどまった。1989 年の青色 LED の開発，さらに 1993 年の高輝度青色 LED 量産技術の開発を経て，LED が一般照明用光源として利用されることとなった。電界発光の光源である無機 EL は，1936 年に硫化亜鉛に電界をかけた際に発光する現象が確認されたが，フルカラーのディスプレイが開

発されたのは1999年であり，現時点では透明な材料上で発光するディスプレイとして用いられるなど，一般的な照明のための光源としては用いられていない。LEDに近い発光メカニズムである有機ELは，1959年のアントラセン単結晶における発光現象の発見に端を発し，その後1987年に非常に薄い有機膜が開発され，以降高輝度化が進められている。

4.2 人工光源の種類

4.2.1 光源の評価方法

光源の特徴は，効率，入力電力の範囲，寿命，光色，演色性で評価される。

効率は，光源から放射される全光束[lm]を投入した電力[W]で除したものであり，費やしたエネルギーのうちどれぐらいの割合が可視光として得られたかを表す指標となる。効率には，光源のみの消費電力を分母としたランプ効率と，蛍光ランプや放電ランプなど安定器の存在する光源について安定器による消費電力も加えたものを分母とした総合効率の2種が存在する。単位はいずれも[lm/W]となる。白熱電球のように安定器を用いない光源はランプ効率と総合効率の間に差はない。

光源から放射される光束は光源の劣化によって時間の経過とともに減少していく。初期の放射光束に対する一定時間経過後の放射光束の割合を光束維持率といい，また，時間経過に対する光束維持率の変化を動程という。一般照明用として使用できる下限の光束維持率は光源ごとに定められており，その光束維持率に達するまでの長さが光源の寿命となる。下限の光束維持率は，白熱電球が80%，蛍光ランプとLEDが70%とされている。図4-3にさまざまな光源の動程と寿命を示す。

光色と演色性はともに光源の分光分布と関係しており，光色は色温度[K]で，演色性は平均演色評価数Raで評価されることが多い。また，多様な光色・演色性の光源を用意できる蛍光ランプとLEDに関しては，光色は色温度の高いものから昼光色，昼白色，白色，温白色，電球色の5つに区分されており，演色性は普通形，高演色形（演色A，演色AA，演色AAA）の4つに区分されている（JIS Z9112：2012）。これらの区分のうち，光色は*XYZ*表色系の色度により範囲が定められており，演色性は光色

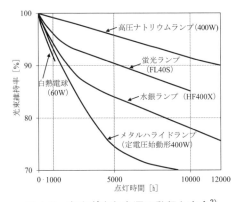

図4-3 さまざまな光源の動程と寿命[3]

により定められた演色評価数の下限値により範囲が定められている．図4-4にさまざまな光源の分光分布を示すが，一般に水銀ランプのように波長ごとの強度が不連続に山と谷を形成していて谷の部分の限度が極めて弱い場合は，演色性が低い光となる．

放射光束は消費電力に効率を乗じたものとなるため，入力できる電力が大きければ大きいほど明るい光源とすることができるが，入力できる電力には下限と上限が存在する．

さまざまな人工光源の特徴をまとめたものを表4-1に示す．また，以下それぞれの特徴について詳述する．

4.2.2 LED

光源の開発・利用の時間軸や発光メカニズムを考慮すれば，人工光源の説明は白熱電球から始めるべきところであるが，LEDの持つ長所によりLEDはさまざまな用途の光源の主流になりつつあり，かつ今後も人工光源の標準としての位置を強固なものにすると考えられるため，本書ではまずLEDより始めることとする．

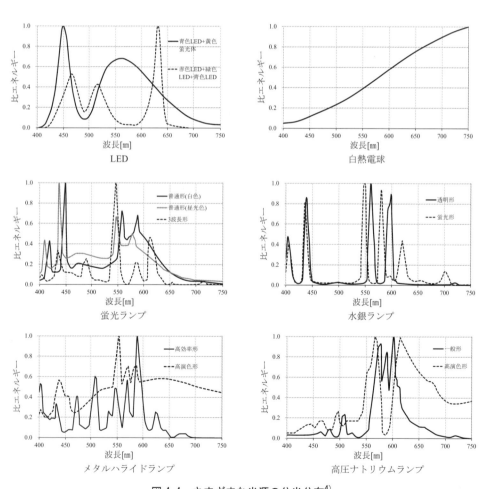

図4-4 さまざまな光源の分光分布[4]

表 4-1 主たる人工光源の特徴[6]

発光原理	光源の種類	電力の範囲 [W]	ランプ効率 [lm/W]	色温度 [K]	平均演色評価数 [Ra]	定格寿命 [h]
温度放射	一般照明用白熱電球(白色塗装)	10〜100	14	2,850	100	1,000
	クリプトン電球	38〜95	14	2,850	100	2,000
	ハロゲン電球(片口金形)	75〜500	16	3,000	100	1,500
ルミネセンス	一般電球形LED(E26) 電球色	4.7〜14.3	61.3〜123.5	2,700	80〜90	40,000
	一般電球形LED(E26) 昼白色	4.4〜12.5	62.5〜136.9	5,000	70〜90	40,000
	一般電球形LED(E26) 昼光色	4.4〜12.5	110.2〜121.6	6,500	84	40,000
	一般照明用蛍光ランプ(スタータ形・白色)	4〜40	84	4,200	61	12,000
	一般照明用蛍光ランプ(ラピッドスタート形・白色)	20〜220	83	4,200	61	12,000
	3波長形蛍光ランプ(スタータ形・昼白色)	10〜40	96	5,000	84	12,000
	3波長形蛍光ランプ(ラピッドスタート形・昼白色)	36〜110	96	5,000	84	12,000
	高演色形蛍光ランプ(演色AA・昼白色)	10〜110	60	5,000	92	12,000
	高周波点灯専用蛍光ランプ(直管形・昼白色)	16〜50(定格時) 23〜65(高出力時)	110	5,000	84	12,000
	電球形蛍光ランプ(一般電球形・昼白色)	8〜25	61	5,000	84	6,000
	水銀ランプ(透明形)	40〜20,000	51	5,800	23	12,000
	水銀ランプ(蛍光形)	40〜2,000	55	4,100	44	12,000
	メタルハライドランプ(高効率形・Sc-Na系)	100〜2,000	95	3,800	70	9,000
	メタルハライドランプ(高演色形・Dy-Tl-In系)	70〜2,000	70	4,300	96	6,000
	高圧ナトリウムランプ(一般系)	85〜940	132	2,100	25	18,000
	高圧ナトリウムランプ(高演色形)	50〜400	58	2,500	85	9,000

 LED (Light Emitting Diode)は，電子が電荷を運ぶn型半導体と電子の抜けた正孔が電荷を運ぶp型半導体を接合させた部分に電流を流した際に，電子が正孔と結合して発生する光を利用した発光ダイオードである（図4-5）．赤色と緑色のLEDは古くから開発されており，インジケーターなどに利用されてきたが，1990年代の青色LEDの開発によりフルカラーの表現が可能となり，かつ照明への利用も可能となった．現在では，白色の光を得るため，青，緑，赤のLEDを用いる方式，青色LEDと蛍光体（青い光を黄色に変換する）を用いる方式，近紫外LEDと蛍光体（近紫外線を青，緑，赤の光に変換する）を用いる方式が存在する．LEDの一番の特徴はその寿命の長さであったが，発光効率も年々向上し，一番効率が高いとされていた低圧ナトリウムランプをしのぐレベルとなりつつある．加えて，調光も容易で演色性が高いものも用意されているため，人工光源の主流にいると考えられる．

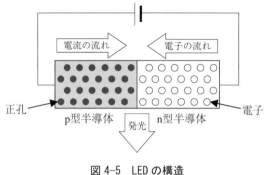

図 4-5　LED の構造

4.2.3　白熱電球（及びクリプトン電球，ハロゲン電球）

4.1.3 で述べたように，高温にしたフィラメント部から温度放射によって放射される光を利用した光源であり，高温のフィラメントの蒸発を抑えるためフィラメントは不活性ガス（アルゴン，窒素等）が封入されたバルブで覆われている（図 4-6）。バルブに透明ガラスを用いたクリアタイプと，バルブが拡散透過となるように加工して光源の輝度を低下させたフロストタイプの 2 種が存在する。連続スペクトルであるため演色性にすぐれており，測色の際に基準となる光である標準イルミナント A と標準イルミナント D65 のうち，A は白熱電球の光に相当する（D65 は昼光に相当）（JIS Z 8720:2012）。一方で，光と同時に熱を放射するために効率が低く，電球形 LED の普及に伴い姿を消しつつある。

封入される不活性ガスのうち，アルゴンを熱伝導率の小さいクリプトンに変えたものをクリプトン電球といい，通常の白熱電球より効率と寿命がすぐれており，また，小型化が可能である。

ハロゲン電球は不活性ガスに微量のハロゲンを加えたものであり，蒸発したハロゲンとタングステンの結合と分離によるハロゲンサイクルを利用することで，タングステンの蒸発量を抑えたものである。ハロゲンにはヨウ素，臭素，塩素などが用いられる。白熱電球に比べて入力電力を大きくするこ

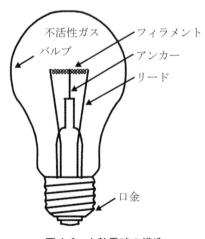

図 4-6　白熱電球の構造

とができるため,フィラメントの温度を上げることができ,明るく色温度の高い光源となる。

4.2.4 蛍光ランプ

蛍光ランプは,蛍光物質を塗布したガラス管に低圧の水銀蒸気を封入したもので,放電によって励起された水銀から放射される紫外線と可視光を利用するもの(図4-7)で,厳密には後述の放電ランプのひとつであるが,紫外線については蛍光物質により可視光に変換されるため,光によって光を放射させるフォトルミネセンスの光源と考えることもできるため,ここでは区別して説明を行う。

蛍光物質の種類により放射される可視光の分光分布を変えることができるため,昼光色,昼白色,白色,温白色,電球色など,さまざまな色温度に対応した光源が存在する。なお,放電の適正な制御のためには安定器が必要であり,チョークコイルを用いた磁気式安定器と,交流電流をいったん直流電流にしてからインバーター回路で元の電流よりはるかに高周波の電流に変換して利用する電子安定器の2種が存在する。電子安定器には,省電力,高効率,低騒音,ちらつきがない,調光が可能という利点がある。元々の形状は直管形で線光源であったが,管の形状を変化させることでさまざまな形の蛍光ランプがあり,より面光源に近付けた円環型,より点光源に近付けたコンパクト形・電球形が存在する(図4-8)。

なお,蛍光ランプは水銀を用いているが,高圧水銀ランプと異なり「水銀に対する水俣条約」においては規制の対象となっていない。しかし,環境汚染という観点から有害であることに変わりはなく,蛍光ランプも今後LEDに置き換えられていくと考えられる。

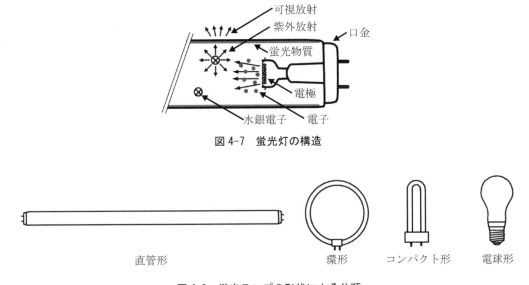

図4-7 蛍光灯の構造

図4-8 蛍光ランプの形状による分類

4.2.5 放電ランプ

放電された電子により気体あるいは金属の蒸気が励起され，ここから放射される可視光を利用する光源である。なお，封入する気体の圧力により低圧形と高圧形に分けられるが，低圧形に比べ高圧形は幅の広い連続スペクトルになり演色性がすぐれている。なお，以下に示す光源のうち，高圧ナトリウムランプ，高圧水銀ランプ，メタルハライドランプの3種は，輝度が非常に高い光源として，特に高輝度放電（HID：High Intensity Discharge）ランプと呼ばれている。

(1) 高圧ナトリウムランプ

ナトリウムの蒸気中の放電により得られる可視光を利用するもの（図4-9）である。従来トンネルなどに用いられた低圧ナトリウムランプは効率が非常に高く寿命も長かったが，D線と呼ばれる2つの波長を中心とした単波長の光であるため演色性が極めて低かった。これに対し，高圧ナトリウムランプは，D線以外の波長の光も含まれ，演色性が大幅に改善されており，寿命や効率もすぐれた光源である。さらに蒸気圧力を高めた高演色形の光源も存在する。

(2) 高圧水銀ランプ

水銀の蒸気中の放電によるもので，蛍光ランプと発光メカニズムが同じであるが，蛍光ランプの水銀蒸気に比べ圧力が高いため，直接可視光を利用することができる（図4-10）。入力電力の上限が非常に大きく，1灯で周囲を明るく照らすことができるが，スペクトルが連続ではないため演色性が低い。透明バルブを用いた透明水銀ランプに対し，バルブに塗布された蛍光物質により放射される紫外線を可視光に変換して光色や演色性を向上させた蛍光水銀ランプが存在する。

大きな出力を活かして屋外照明として利用されることが多いが，「水銀に対する水俣条約」により2020年以降は規制の対象となる。

なお，低圧の水銀蒸気中の放電の場合は得られるのは紫外線が中心となり，蛍光物質で可視光に変

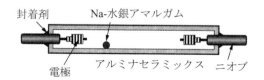

図4-9　高圧ナトリウムランプ発光管の構造[7]

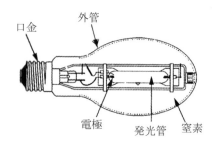

図4-10　高圧水銀ランプの構造[7]

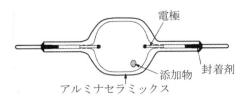

図 4-11 セラミックメタルハライドランプ発光管の構造[7]

換しなければ照明としては利用できないが,殺菌など極めて特殊な用途の光源として利用されている。この光源は低圧水銀ランプと呼ばれている。

(3) メタルハライドランプ

高圧水銀ランプに金属のハロゲン化物の蒸気を加えて効率と演色性を改善したもの(図 4-11)である。発光管に透光性セラミックを用いて効率と演色性を高めた光源もあり,これはセラミックメタルハライドランプと呼ばれている。

(4) キセノンランプ

キセノンガス中の放電によるもので,分光分布が昼光と近いため,昼光下の測色の際に基準となる光である標準イルミナント D65 を近似的に再現する常用光源であることが定められている(JIS Z8902:1984)。

4.2.6 EL ランプ

(1) 無機 EL

2 つの絶縁層で無機発光層(ZnS などを母体とし発光中心として遷移金属や希土類金属イオンを加えたもの)を挟んだもので,電界(100V 程度の交流)をかけて加速された電子が衝突することで発光中心が励起状態となり,これが基底状態に戻る際に放射される光を利用するものである(図 4-12)。絶縁層に挟まれているため,発光層内部では電子が移動するだけで電流は流れず,発光メカニズムは真性 EL と呼ばれる。薄型,面発光,高効率,長寿命などの特徴を持ち,現時点では液晶のバックライトや広告等に用いられている。

(2) 有機 EL

直流電流により有機物に陽極から正孔,陰極から電子を注入し,励起状態となった有機物が基底状態に戻る際に放射される光を利用するものである(図 4-13)。LED の発光メカニズムに近く,発光形式は同じ注入型 EL に分類されており,Organic Light Emitting Diode (OLED) と呼ばれることもある。薄型,面発光,低電圧で動作可能,曲げ加工可能などの特徴を持ち,ディスプレイや一部照明として用いられている。

図 4-12　無機 EL の構造

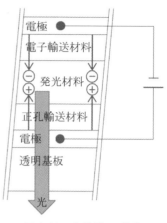
図 4-13　有機 EL の構造

4.3　照明器具の歴史

　照明器具は，光源の保護や光の流れのコントロールのために光源のまわりに設置されるものであり，その歴史は光源の歴史と密接な関わりを持つ。

　最初に，枝や葉，油脂を含んだ植物などの可燃物の燃焼による光を利用していた際には，光源の位置を一定の範囲に留め，場合によっては光源を移動させるため，可燃物の容器として非可燃性の材料を用いた器具が用いられた。屋外用としては，金属製の籠のような篝（かがり）（図 4-14）等が用いられた。また，屋内用としては，石や金属で作られた鉢状，皿状の器具が用いられるとともに，囲炉裏なども夜間の光を得るために用いられた。光源として液体である灯油が用いられるようになると，固体を用いていた場合に比べて炎をコントロールすることが容易になり，屋内で用いても比較的安全なものと

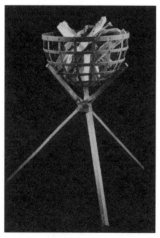
図 4-14　鉄製の篝による篝火[1]

図 4-15　光源を覆うシェード[1]

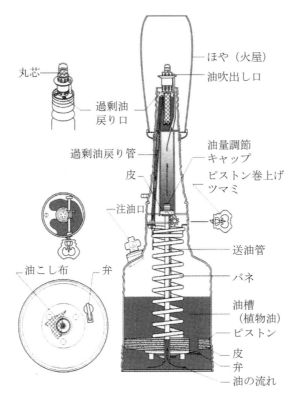

図 4-16　無尽灯（スプリングによる油圧を利用して燃料を火口に押し上げるタイプのもの）[1]

なった。灯油を用いる場合の器具は，液体としての燃料を貯めておく容器としての役割を果たすとともに，低下した炎の勢いに対応するために風除けとして紙を用いたシェードも用いられるようになった（図 4-15）。また，後世になって，液体燃料を継続的に供給する機械的な仕組みを組み込んだ無尽灯なども提案されている（図 4-16）。これに対し，ろうそくは光源が固体であるため，灯油より扱いが容易であり（枝や葉なども固体であるが，ろうそくのほうが集約度が高い），灯油に比べて光源を携帯することが容易となった。ろうそくを立てるための燭台等も用いられたが，灯油の場合と同様に風除けとして炎を覆うシェードも用いられた。後に，灯油を用いた据え置き型の器具は行灯，ろうそくを用いた携帯型の器具は提灯と称されるようになった。提灯は，可搬性を考慮し，シェード部分が折り畳み可能な小田原提灯（図 4-17）や傘提灯等も用いられた。

欧米においては，アルガンが，筒状の芯と排気のためのほやを用いて完全燃焼による明るい光を得るアルガンランプ（図 4-18）を発明しており，その他にも油槽の形状や給油装置に工夫を凝らした器具が提案されている。また，フォン・ウエルス・バッハにより 1891 年に考案された白熱マントルは炎の中に設置するもので，マントルの温度放射により明るく色温度の高い光を得ることを可能とした。

ガスは気体の可燃物であり，広範なネットワークで燃料を供給することが可能であり，かつ燃焼の場に絶え間なく燃料を送り続けることが可能である。ガス灯は，風除けとしてガラスのシェードが多く用いられた。また，ほややマントルを用いたものなども用いられた（図 4-19）。

電気による光は，燃焼を使わない点で画期的なものであり，ガス同様広範なネットワークによる連

図 4-17　小田原提灯[1]

図 4-18　アルガンランプ[1]

図 4-19　マントル付きのガス灯[1]

図 4-20　曲面部分に対数螺旋が用いられたシェード（左，PH5:Poul Henningsen:LouisPoulsen）と折り紙技術を用いて拡散透過光による明暗をコントロールしたシェード（右，101 Medium:KaareKlint:LE KLINT）

続的なエネルギー供給が可能であり，また風に弱いという弱点もなくなった。しかし，それまでの燃焼による光を用いてきた生活習慣との連続性と，より明るくなった光源のまぶしさへの対応などから，シェードが用いられることも多かった。この場合，シェードは発散される光を拡散させる役割を果たすと同時に，発光部を覆うカバー（白熱電球におけるフィラメントを覆うガラスなど）を保護する役割を担うこととなった。シェード部分に利用できる材料や加工方法が多様化したことなどから，現在では反射光の強さを考慮して曲面部分に対数螺旋を用いたシェードや，折り紙技術を用いて拡散透過光による明暗をコントロールしたシェードなど，デザイン性の高いものも提案されている（図4-20）。

　照明器具は，このような流れを経て最終的に建築と一体化された建築化照明に向かっている。建築化照明については4.4.3で説明を行うが，比較的照明対象が大きいオフィス照明だけでなく，住宅についても今後建築化照明の割合が大きくなると考えられる。

　なお，光源や照明器具から発せられた光束が直接視対象に達する直接照明に対し，発せられた光をいったん天井や壁面に当て，その部分を二次的な大面積面光源として利用する照明方式を間接照明という。間接照明の場合，光源は見えないように工夫されているため，グレアが生じる可能性が低く，

また空間内の光の拡散性が高いために柔らかな印象の光環境とすることができる。一方で，エネルギー効率を考えると直接照明より不利となることが多い。

4.4 配光

光源単体，あるいは照明器具からの放射方向別の光の強さを配光といい，方向別の光度([cd])で表される。

4.4.1 配光の分類

配光のカタログ値としては，2.1.1で説明されている方法で方向別の光度を測定し，この値を基に配光曲線と呼ばれる曲線で表現される。しかし，より簡略なデータを用いて配光を分類することもある。図4-21は，上向光束と下向光束の比率を用いて配光を基に照明器具を分類したものである。なお，ここでは直接照明，間接照明という用語が用いられているが，4.4で説明した用語とは意味が異なる。この分類のうち，直接間接照明器具を除く5つの分類はCIE（国際照明委員会）が定める配光の分類と一致しており，この場合直接間接照明器具は全般拡散に分類される。

これらのうち下向光束の割合が強いものほど作業面が水平の場合のエネルギー効率がよいが，まぶしかったり強い影が生じたりする可能性が高くなる。一方，上向光束の割合が強くなると，影の弱いやわらかい空間となるがエネルギー効率が悪くなる。本分類は，配光に基づく照明器具の特徴を大まかに把握する場合に用いられる。

これに対し，数式で表される配光曲線を基にイギリス照明学会が定めたものをBZ分類という。BZ分類は配光を10カテゴリーに分類しており，それぞれのカテゴリーで用いられている数式は表4-2の通りである。ここで，BZ8は，すべての方向に対して一定の光束を放射する点光源（ただし下方のみ）と考えることができ，またBZ5は，微小な均等拡散面から放射される方向別の光の強さと考えることができる。BZ1〜4は，均等拡散面よりも光軸方向の放射光束が強い配光であり，すべて$\cos^k\theta$（kは実数）の形で表される。また，BZ9〜10は点光源より横方向の放射光束が強い配光，BZ6〜7は，点光源と均等拡散面の中間の配光となる。BZ1〜10の配光曲線を図4-22に示す。なお，表4-2に示した数式は，方向別の放射光束の相対的な強さを表すものであり，実際の光度を定める場合にはこの数式に一定値を乗じる必要がある。図4-22は，すべてのBZ分類のカテゴリーにおいて，全光束が1,000[lm]となるように一定値を定めたもので，例えば，BZ1の場合，鉛直下向き方向は795.8[cd]となる。また，BZ分類による配光曲線は左右対称になるため，BZ1〜5は図の右側のみ，BZ6〜7とBZ9〜10は左側のみ描画しており，BZ8は両側を描画している。

BZ分類は，特定の配光曲線と各カテゴリーの配光曲線の形状の類似度からその配光曲線がどのカテゴリーに属するかを定めて照明器具のカタログ等で利用するほか，取り扱いの容易さから照明シミュレーションで利用されることもある。

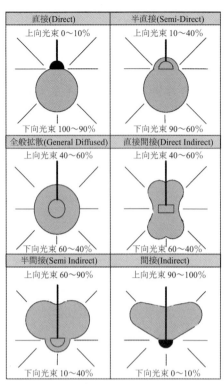

図 4-21　上下方向の放射光束のバランスによる配光の分類[8]

表 4-2　BZ 分類による配光
（式による表現）

BZ 分類	数式
BZ1	$\cos^4\theta$
BZ2	$\cos^3\theta$
BZ3	$\cos^2\theta$
BZ4	$\cos^{1.5}\theta$
BZ5	$\cos\theta$
BZ6	$1 + 2\cos\theta$
BZ7	$2 + \cos\theta$
BZ8	1（一定）
BZ9	$1 + \sin\theta$
BZ10	$\sin\theta$

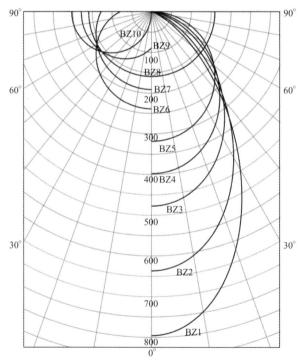

図 4-22　BZ 分類による配光（配光曲線による表現で縦軸は光度[cd]に対応）

4.4.2 配光のコントロール手法

配光のコントロールには,透過,屈折,反射が用いられる(図 4-23)。拡散透過を用いたランプシェードは,光源から放射された光の拡散性を高めることができる。LED に取り付けられた乳白カバー等は,指向性を弱めると同時に,輝度を低下させてグレアを防止する役割も果たしている。一方で,レンズや,同一焦点距離のレンズを同心円状につなぎ合わせて全体の厚みを減らしたフレネルレンズを利用すると,点光源から放射された光の指向性を高めることができる。

また,正反射性の材料を光源の片側に配置すると,器具から放射される光の流れを,下向きのみ,前方のみなどに揃えることができ,シンプルかつ効率的に光の流れを整えることができる。蛍光ランプの器具には光源の上側にリフレクターが設置され,上向きの光を反射して下向きの光としているものが多い。また,放物線柱面形状や放物線回転面形状の正反射性のリフレクターを用いれば,レンズの場合と同様に光の指向性を高めることができる。ミニクリプトン電球を用いたダウンライトにはこのタイプのリフレクターがよく用いられる。

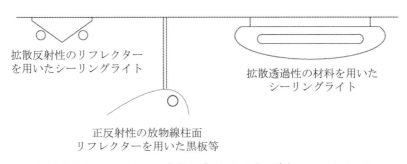

図 4-23 リフレクターや乳白カバーによる光の流れのコントロール

4.5 照明の方式

4.5.1 全般照明方式と局部照明方式

オフィス等の比較的大きなひと続きの空間は,一部の休憩用のスペースを除いてほぼすべてが執務空間となることが特徴である。このような性質の空間の照明には,全般照明方式と局部照明方式という照明方式が採られる(図 4-24)。

全般照明方式は,大きな空間全体の明るさを均一とするため,照明器具を同じ密度で配置する方法である。すべての場所で必要照度を確保することとなるため,エネルギー消費は大きくなるが,レイアウト変更への対応は容易である。

局部照明方式は,視作業を行う作業面上などのみ必要照度を確保するため,器具の配置密度を変化させたものである。全般照明に比べてエネルギー消費量を下げることが可能であるが,レイアウト変更への対応は困難である。また,空間内の照度均斉度が低下するため目が疲れやすいなどの問題点もある。

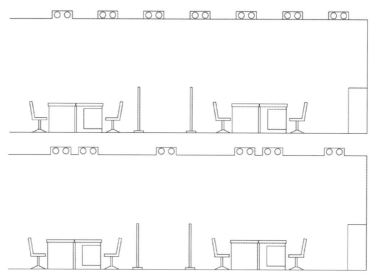

図 4-24　全般照明方式（上）と局部照明方式（下）

4.5.2　映り込みを避けるための照明方式

　ディスプレイを用いた作業においては，照明器具などの高輝度なものが映り込むと反射グレアとなり視認性が低下する。ディスプレイは視線方向に垂直となるように傾けられるので，鉛直もしくはディスプレイ表面が少し上を向く角度とされることが多い。このため，映り込みを避けるためには器具から水平方向に近い方向へ光が流れることを避ければよい。例えば，直管形蛍光ランプを並べて疑似的に面光源とした器具では，発散光は鉛直下向き方向がピークとなるものの，横方向にも一定の強さとなる。このような器具に格子状ルーバーを取り付けることで，横方向の光の強さを減じることが可能となる（図 4-25）。また，ダウンライトのように光源が天井面より上に位置する場合は器具の構造上横方向への光は少ないが，クリプトン電球を電球形蛍光ランプに取り換えて光源サイズが大きくなる場合などは発光部が天井面の下に出てくる可能性もあるので注意が必要である。天井埋め込み形の器具の光源に LED を用いる場合は，白熱電球や蛍光ランプに比べて LED の指向性が強いため，横向きの光の流れはあまり問題とならない。

図 4-25　ルーバーによる制御の例

4.5.3 鉛直面照度を確保するための照明方式

洗面所や玄関，ポーチなどでは鏡に映り込んだ自身の顔や相手の顔を視認する必要があるため，水平面照度よりも鉛直面照度が重要になる。洗面所の場合には，鏡の横や上などに光源を横向きに配置することで鉛直面照度を確保することができる。ただし，グレアを避けるために拡散性の高い発光部の大きい器具を用いる必要がある。玄関内部の場合は器具を横向きに設置することが難しいが，天井から下向きに設置する場合も，訪問者等の直上の配置にならないように留意する必要がある。玄関外のポーチの場合には，器具を外壁に横向きに取り付けることも可能であるが，開閉の際にドアが器具からの光を遮らないようにする必要がある。

4.6 照明の制御

照明は，もっとも単純な点消灯に加え，明るさを連続的に変化させる調光，光の色を変化させる調色により制御される。これらは，空間の用途，昼光の状態等を考慮して適切な量・質の光とすることを目的としている。

4.6.1 スイッチによる点消灯

照明の制御の中でもっとも単純なものがスイッチによる点消灯である。スイッチには，両端部を押してシーソーのように状態を切り替えるシーソースイッチと，押すたびにオンオフが切り替わるプッシュスイッチがある（図4-26）。シーソースイッチは端部のどちらが押されているかという状態でオンオフを識別することができるが，プッシュスイッチは識別できないため，インジケーターを設置してオフの状態に緑色で点灯させるホタルスイッチとするなど工夫が必要である。また，階段や廊下など通路の両端にスイッチを設置する場合には，どちらからでもオンオフの状態を切り替えることができる三路スイッチ（図4-27）が設置されるが，この場合はインジケーターでオンオフを伝えることができるプッシュスイッチのほうが便利である。

4.6.2 調光と調色

調光は，光源の光の強さを連続的にコントロールするもので，手動で行う場合はレバーやツマミ，

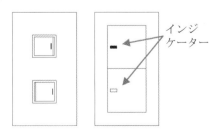

図4-26　シーソースイッチとプッシュスイッチ

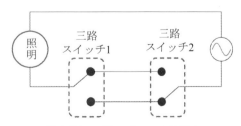

図4-27　三路スイッチの仕組み

強弱の段階を増減するボタン等により調整を行う。単純な点消灯に比べ，より細かく適切な制御を行うことができる。調光には位相制御調光とPWM調光の2つの方式が存在する。

位相制御調光は，交流電流において繰り返されるサインカーブの波長の一部を切り取り（電圧を0とする），流れる電流の強さをコントロールする手法であり，白熱電球の調光に適した方式である。

これに対しPWM方式（Pulse Width Modulation）は，交流電流をパルス列に変調してオンとオフの時間幅のバランスで光の強さをコントロールする手法であり，蛍光ランプやLEDに適した調光方式である。オンとオフの周期が長いとちらつきの原因となるため，インバータによる高周波点灯と組み合わせて行われることも多い。

コントローラー，回路，器具の組み合わせにより，調光可能な光源であっても調光できなかったり，大きな負担をかけたりすることがあり，特に光源の種類を変更する場合には注意が必要である。

調色は，白熱電球，蛍光ランプでは制御が困難であったが，LEDの利用により普及することとなった。異なる光色のLEDチップを配置し，出力される光の強さのバランスを変えて調色を行うので，赤，緑，青の3種の組み合わせ等を用いれば技術的にはほとんどの色に対応することが可能である。実際の製品としては，電球色から昼光色までの範囲など，昼光を含む既存の光源の光色の範囲に収めているものが多い。

4.6.3 センサ・タイマーによる制御

適切な場所に適切な量・質の光を届けるためにはこまめな制御が必要となるが，これらをすべて手動で行うことは困難であり，さまざまな情報を用いて自動制御を行うことが望ましい。以下，自動制御の方法を示す。

(1) **タイマーによる制御**

時刻の情報により点消灯を行う制御であり，公園の屋外照明などでよく利用される制御方式である。同じ時刻でも季節によって明るさが異なるため，カレンダー情報と合わせて日没の時刻に合わせて点灯を行うなどの方式もある。

(2) **明るさセンサによる制御**

センサによって得られた明るさの情報を元に点消灯を行う制御であり，タイマーによる制御に比べ，実際の明るさに基づく適切な制御が可能となる。しかし，屋内の照明を制御するためのセンサが屋上に設置されているなど場合などは，屋内と屋上の明るさの不一致などから制御が不適切となる可能性がある。

(3) **人感センサによる制御**

センサの検知範囲内の画像変化や温度変化等を手掛かりとした人の有無や移動の情報に基づく制御であり，人の有無の状態が短期間に何度も変化する廊下，トイレ等の空間に用いられることが多い。また，門柱灯に用いられることもあり，この場合は防犯的な役割を兼ねることとなる。照度センサと合わせ，人の存在する暗い時のみに点灯する制御も行われる。

なお，白熱電球や蛍光ランプのように，点消灯のくり返しにより寿命が短くなる光源と，LEDのように影響を受けない光源が存在する。点消灯を制御を行う場合はこの点に十分留意する必要がある。

4.7　照明器具の取り付け位置による分類

照明器具は，光源の位置を適正に保つとともに，光源から発散される光の流れを反射（正反射，拡散反射），透過（正透過，拡散透過），屈折により整え，適切な場所に光を導いたりグレアを防止したりする役割を果たす。以下，取り付け位置による分類（図4-28）を示す。

4.7.1　天井・壁に取り付けられる器具

天井に取り付けられる器具は，直接取り付けられるシーリングライト，天井面から吊り下げられるペンダント，ガラス等を装飾的用いたペンダントであるシャンデリアなど，空間全体を照らす役割を果たすものが多い。一方で，壁や床の一部を照らすために照射範囲の狭い配光特性を持つスポットライトや，鉛直下向き方向を強く照らす埋込形の器具であるダウンライト等も存在する。ダウンライトは，光源とリフレクターを組み合わせたもので，通路等に利用されることが多かったが，現在では特定の方向に強い配光を持つLEDの特性を活かした器具が増えている。また，従来はペンダントを用いることが多かったリビングやダイニングにおいても，ダウンライトと間接照明を組み合わせた照明手法が提案され始めている。なお，ダウンライトは天井部分に埋め込まれるため，熱環境的な問題が生じる。天井が断熱施工されている場合には通常の光源を利用することはできず，SB形の光源（ブローイング工法もしくはマット敷工法の場合）や，SGI形・SG形の光源（マット敷工法の場合）を利用する必要がある。

ブラケットは主として壁を照らす器具であり，壁に設置される。光源が覆われていて外部から見えず，照らされた壁面の反射光による間接照明
のような効果を持つものに加え，光源を覆う部分が半透過性の材料で，正面方向にも光が発散されるものも存在する。

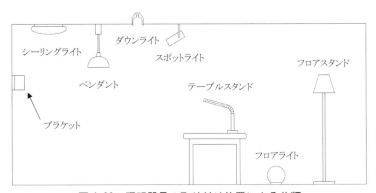

図4-28　照明器具の取り付け位置による分類

4.7.2 床・机に設置される器具

床に設置される器具は，可搬形で空間の一部を照らす補助的な役割のものが多い。床に直接設置されるフロアライト，ポール状の細長い脚を用いて発光部を高い位置としているフロアスタンドなどの器具がある。また，机や家具の上に設置される器具はテーブルスタンドと呼ばれている。

4.7.3 建築化照明

建築と一体となった照明を建築化照明という。器具の存在が突出せず，目立たないように工夫されているため，すっきりした印象の空間を実現することができる。直接照明の建築化照明としては，規則的にダウンライトを配置するダウンライト照明，細長い溝に直管形蛍光ランプや直管形タイプのLEDを埋め込むトロファー照明と，溝に埋め込まず直線状に配置して発光する梁のように見せる光梁，天井面全体に拡散透過性のカバーを配置して巨大な面光源とする光天井照明，天井面全体にルーバーを配置するルーバー天井照明などがある（図4-29）。

また，光源を見せない間接照明タイプの建築化照明として，壁面上部から天井面を照らすコーブ照明，天井面と壁面の入隅部付近から壁面を照らすコーニス照明，天井懐から掘り上げた天井面を照らすコッファー照明などが知られている（図4-30）。

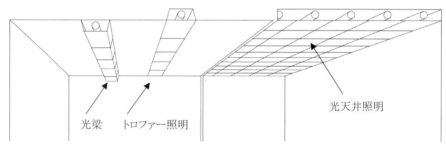

図4-29　直接照明方式の建築化照明

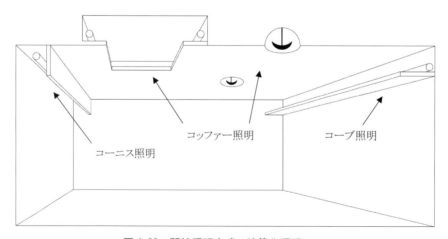

図4-30　間接照明方式の建築化照明

4.7.4 屋外に設置される器具

屋外は，昼光が得られる時間帯は人工照明は不要であるが，夜間等は必要となる。ここでは，屋外に設置される照明の代表的な例として，道路照明，トンネル照明，屋外スポーツ照明の3つについて説明を行う。

(1) 道路照明

夜間における道路状況や交通状況を把握するため，下記のような方式で器具が設置される。

(a) ポール方式

　高さ 8-15m のポールの先端に照明器具を取り付け，これを道路に沿って等間隔に並べるもので，もっとも基本的な照明方式である。

(b) ハイマスト方式

　高さ 20-30m の非常に高いポールの上に複数個の照明器具を取り付ける方式で，少ないポール数で広域を照らすことが可能である。

(c) カテナリ方式

　中央分離帯に設置された高さ 15m 程度のポールとポールの間にカテナリ線を張り，そこに照明器具を取り付ける方式で，ポールの数に対してより多くの器具を取り付けることが可能である。

(d) 高欄方式

　道路の高欄に沿って照明器具を配置する方式で，ポールを立てる必要がなくメンテナンスが容易であるが，取り付け位置が低くなるため照射範囲が狭く照度にむらが生じる。漏れ光による航空障害の抑制が厳しく求められる場所で用いられる方式である。

取り付ける照明器具は，ポール方式ではハイウェイ形道路照明器具が用いられる。器具の配光は，周囲が比較的暗い道路ではグレアを厳しく制限したカットオフ形を，周囲が比較的明るい道路では一定の範囲でグレアを制限したセミカットオフ形が用いられる。

光源は，大光束であること，高効率であること，長寿命であること（交換に手間がかかるため），周囲の温度変化に対して動作が安定していること，光色と演色性が適切であること等を考慮し，従来は高圧ナトリウムランプや水銀ランプ，セラミックメタルハライドランプ等の HID ランプが用いられてきた。しかし，大出力の LED も開発されており，今後道路照明の分野でも LED は主流になっていくと考えられる。

(2) トンネル照明

トンネル照明は，常時照度が不足するトンネルの内部空間に対して，十分な明るさの提供と外部と内部の視覚的連続性の確保を考慮して設置されるもので，下記のような方式（図 4-31）で設置される。

(a) 対称照明方式

　配光が車両の進行方向に対して前後対称となる器具を配置するもので，もっとも一般的な照明方式である。

(b) カウンタービーム照明方式

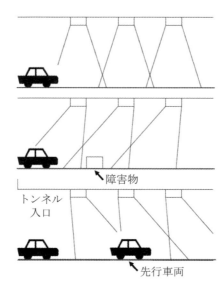

図4-31　トンネルの照明方式（上：対称照明方式，中：カウンタービーム照明方式，下：追跡照明方式）

車両の進行方向の後方側がピークとなる鋭い配光の器具を配置する方式で，車両前方に障害物が存在した場合に運転席からは障害物の手前側が暗くなり障害物を視認しやすい。

(c)　追跡照明方式

車両の進行方向の前方側がピークとなる鋭い配光の器具を配置する方式で，先行する車両の手前側（後方）が明るくなるため，交通量の多いトンネルの入口照明で用いられることがある。

光源としては，高効率であること，長寿命であること（交換に手間がかかるため）を考慮し，高圧ナトリウムランプ，低圧ナトリウムランプ，蛍光ランプ，セラミックメタルハライドランプ，水銀ランプが用いられてきたが，道路照明同様今後LEDが主流になると考えられる。

(3)　防犯灯

防犯を目的として街路，公園等に設置される照明器具で，メンテナンスが容易になるよう長寿命の光源を用いる必要があり，蛍光ランプ，水銀ランプが用いられてきたが，現在ではLEDへの置き換えが進められている。また，カレンダー情報と合わせたタイマーによるコントロールや明るさセンサーによるコントロールなど，自動的に点消灯されることが多い。

参考文献

1) 図録：神戸らんぷミュージアム 1991.
2) 木下修一，太田信廣，永井健治，南不二雄編：発光の事典，朝倉書店，2015.
3) 照明普及会創立30周年記念出版委員会：あかり文化と技術，社団法人照明学会普及部，1998.
4) http://www2.panasonic.biz/es/lighting/plam/knowledge/document/0901.html （2018（アクセス））
5) 社団法人電気学会：光技術と照明設計−基礎からインテリアデザインまで−，オーム社，2004.
6) 社団法人照明学会普及部：新・照明教室照明の基礎知識中級編，社団法人照明学会普及部，2005.

7) 公益社団法人日本セラミックス協会編：発光・照明材料，日刊工業新聞社，2010.

8) 一般社団法人照明学会編：照明工学，オーム社，2012.

9) 田口常正編：白色 LED 照明システム技術と応用，シーエムシー出版，2003.

10) 平手小太郎：建築光環境・視環境，数理工学社，2011.

11) 伊藤克三，中村洋，桜井美政，松本衛，楢崎正也：建築環境工学，オーム社，1978.

12) 社団法人日本建築学会編：光と色の環境デザイン，オーム社，2001.

13) 池田紘一，小原章男編：光技術と照明設計，電気学会，2004.

14) 石川太郎，小堀富次雄，室井徳雄，山口冒一郎編：現代照明環境システム，オーム社，1981.

15) 常広譲，松本圭二：インバータ しくみと使い方のコツ，電気書院，1989.

第 5 章 光と色の基準と計画

　第1章と第2章では光と色の基礎，測定・計算・評価指標について解説し，第3章と第4章では昼光照明と人工照明の特徴やその利用方法について解説した。質の高い光環境を私達が享受し維持し続けるためには，適正な状態を保証する基準や計画が必要である。本章では，日照の確保，建築・都市空間の光や色の基準について学んだ上で，建築用途別の視環境計画や表現について学ぶ。

5.1　日照に関する基準 ■■■■■■■■■■■■■■■■■■■■■■■■■■■■

　建築や住宅における日照の確保は，日照そのものを得るだけでなく，日照を確保するために建築物周辺に適切な空間を確保することで，快適な居住空間や都市空間を創出することに繋がる。

　1919（大正8）年の市街地建築物法に基づき，建築物の高さは百尺（約30.3m）までに制限され，そのまま建築基準法に継承された。その後1970（昭和45）年の建築基準法改正により絶対高さ31mの制限が撤廃されて容積率規制が導入されると，日本の都市部で高層建築物が増え，その結果各地で日照不足の苦情が発生するようになった。そこで1976（昭和51）年に建築基準法が改正され，第56条の2に日影規制が制定された。図5-1は三大公害と日照の苦情件数を示したものである[1]。三大公害に比べて日照の苦情件数は小さいが1993年までは100件を越えていたものが，その後減少傾向にあるのは，日照確保に対する規制が適切に機能していることによる。

　本節では，周囲の日照阻害防止のための日影規制と高さ制限，そして室内への日照確保のための採光規定について解説する。

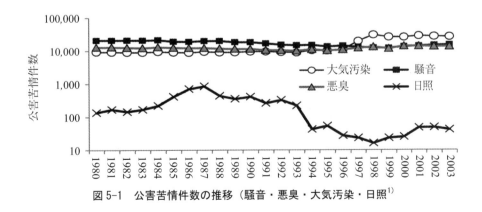

図5-1　公害苦情件数の推移（騒音・悪臭・大気汚染・日照[1]）

5.1.1　日影規制

　日影規制は，冬至日の真太陽時の8～16時（北海道では9～15時）の間に規制対象建築物が周囲に

及ぼす日影時間の上限を定めたものであり（建築基準法第56条の2），地方公共団体が条例により指定した用途地域及び指定のない区域に適用される（表5-1）。商業地域・工業地域・工業専用地域・高層住居誘導地区は，日影規制の対象外となる。

日影を検討する範囲について図5-2を用いて説明する。平均地盤面からの高さ H の水平面に，敷地境界線からの水平距離が5〜10m又は10mを越える範囲において，地方自治体の条例で指定する時間以上日影とならないようにしなければならない。

さらに建築基準法施行令第135条の12では，日影による中高層建築物の高さ制限の緩和が示されている（図5-3）。制限を受ける建築物の敷地が道路等に接する場合の敷地境界線は，道路等の幅が

表5-1　日影による中高層建築物の制限（建築基準法別表第4より改編）

(ろ)	(い)	(は)	(に)	
制限を受ける建築物	用途地域または区域	平均地盤面からの高さ H	日影時間の上限（時間）	
			敷地境界線からの水平距離	
			5〜10m	10mを越える範囲
軒の高さが7mを越えるもの，又は地階を除く階数が3以上のもの	第一種低層住居専用地域 第二種低層住居専用地域 用途地域の指定のない区域(イ)	1.5m	3 (2)	2 (1.5)
			4 (3)	2.5 (2)
			5 (4)	3 (2.5)
高さが10mを越えるもの	第一種中高層住居専用地域 第二種中高層住居専用地域	4m，又は6.5m	3 (2)	2 (1.5)
			4 (3)	2.5 (2)
			5 (4)	3 (2.5)
	第一種住居地域，第二種住居地域 準住居地域，近隣商業地域，準工業地域	4m，又は6.5m	4 (3)	2.5 (2)
			5 (4)	3 (2.5)
	用途地域の指定のない区域(ロ)	4m	3 (2)	2 (1.5)
			4 (3)	2.5 (2)
			5 (4)	3 (2.5)

（数字）は北海道の区域内

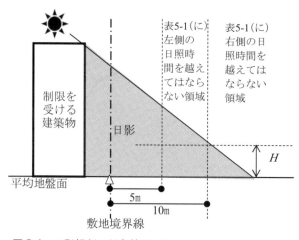

図5-2　日影規制の対象範囲（右：断面図，左：平面図）

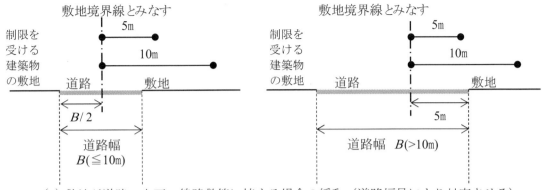

(1) 敷地が道路・水面・線路敷等に接する場合の緩和（道路幅員により対応させる）

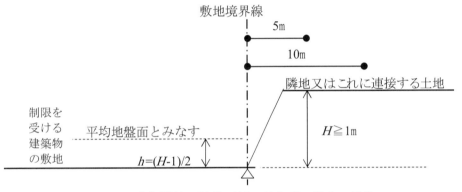

(2) 隣地の地盤面が1m以上高い場合の緩和

図 5-3　日影規制による中高層建築物の高さ制限の緩和

10m以内ならその1/2だけ外側と見なし，道路等の幅が10mを超す場合は反対側の境界線から敷地側5mの線と見なす。制限を受ける建築物の敷地の平均地盤面が隣地より1m以上低い場合，当該高低差から1mを減じたものの1/2だけ高い位置に平均地盤面があるものと見なす。

ただし，日影規制は単一建築物の影響を考慮したに過ぎず，複数の建築物による複合日影について取り扱っていないため，街区単位でも日照が十分確保されているか確認する方が良い（3.3.3　日影時間図を参照）。

5.1.2　高さ制限

建築基準法では，用途地域により建築物の絶対高さの限度を定めている。第一種／第二種低層住居専用地域では，基本的に10m又12mを越えた建築物は認められない（建築基準法第55条）。

建築基準法第56条第1項には，「道路高さ制限」「隣地高さ制限」「北側高さ制限」が定められている。このうち「北側高さ制限」は，北側隣地の日照を確保するため，第一種／第二種低層住居専用地域又は第一種／第二種中高層住居専用地域において，隣地境界線（北側が道路の場合は道路反対側の境界線）までの真北方向の水平距離の1.25倍に5m又は10mを加えた高さ以下とするものである（図5-4）。

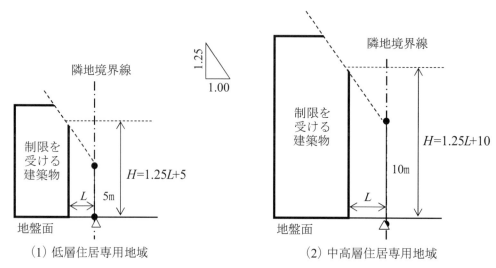

図 5-4　北側高さ制限の対象範囲

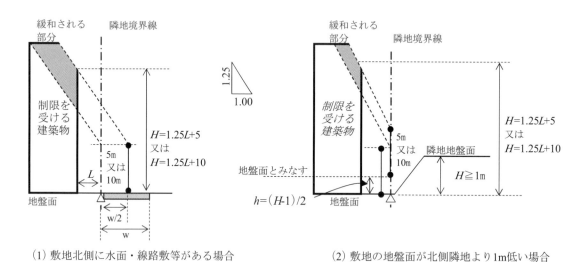

(1) 敷地北側に水面・線路敷等がある場合　　(2) 敷地の地盤面が北側隣地より1m低い場合

図 5-5　北側高さ制限の対象範囲

　この北側高さ制限には，次に示す緩和規定が設けられている（建築基準法第56条第6項・建築基準法施行令第135条の4）。概要を図5-5に示す。敷地の北側又は敷地の北側の前面道路の反対側に水面・線路敷等がある場合，隣地境界線は水面・線路敷等の幅の1/2だけ外側にあるものと見なす。また敷地の地盤面が北側隣地の地盤面より1m以上低い場合，その敷地の地盤面は高低差から1mを減じたものの1/2だけ高い位置にあるものと見なす。

　制限を受ける建築物により確保される採光量を天空率によって表し，それが北側高さ制限により確保される天空率以上である場合，その建築物には北側高さ制限の規定が適用されない。これが天空率の比較による北側高さ制限の緩和である（建築基準法第56条第7項）。天空率は，建築物等や天空を想定半球に投射し，さらにそれを水平面に投射した場合の天空部分の割合のことであり式(5-1)で表

される（建築基準法施行令第 135 条の 5）。

この想定半球の中心は，当該敷地境界線の真北に 4m 又は 8m 平行移動した外側の線（基準線）上に 1m 以内又は 2m 以内の間隔で均等に配置する（建築基準法施行令第 135 条の 11）。天空率算定における想定半球の中心の配置例を図 5-6 に示す。近年では，魚眼レンズを装着したデジタルカメラと画像処理プログラム[2]を用いて，容易に天空率が測定できるようになった。ただし，多くの魚眼レンズは等距離射影方式が採用されており，天空率を算定するには画像を正射影方式に交換する必要がある。射影方式による違いを図 5-7 に示す。

$$R_s = \frac{(A_s - A_b)}{A_s} \tag{5-1}$$

ただし　R_s：天空率

　　　　A_s：想定半球の水平投影面積

　　　　A_b：建築物及びその敷地の地盤をR_sの想定半球に投影した投影面の水平投影面積

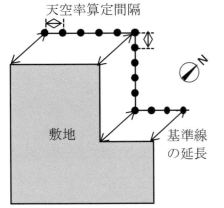

	基準線の延長	算定間隔
第一種/第二種 低層住居専用地域	4m	1m 以内
第一種/第二種 中高層住居専用地域	8m	2m 以内

図 5-6　天空率算出における想定天空の中心の配置

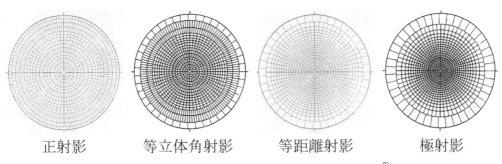

図 5-7　射影方式の比較（1 区画は 0.1% を意味する）[3]

5.1.3 採光規定

居室には，その床面積に対して採光を確保するために，一定以上の窓や開口部を設ける必要がある（建築基準法第28条・建築基準法施行令第19条及び第20条）。採光に有効な開口部面積の居室床面積に対する割合を表5-2に示す。ただし，採光に有効な開口部面積は実開口部面積ではなく，用途地域に応じた採光補正係数（表5-3）を乗じて得た面積である。表5-3のd/hは採光関係比率といい，建築物の形状や道路等との隣接関係に応じて図5-8のように取り扱う。

開口部が天窓の場合は採光補正係数にさらに3.0を乗じ，開口部の外側に幅90cm以上の縁側（ぬれ縁除く）がある場合は採光補正係数にさらに0.7を乗じる。また採光補正係数は3.0を上限とし，その数値が1.0未満となる場合は，開口部が道路に面するか否かに応じて表5-4のように対処する。

なお，二室がふすま・障子・その他随時解放することができるもので仕切られている場合は，合わせて一室と見なすことができ，窓を容易に設置できないマンション内側の空間等によく適用される。

表5-2 採光に有効な開口部面積の居室床面積に対する割合（建築基準法施行令第19条表より作成）

建築物の用途	居室の種類	割合
学校（幼稚園～高等学校）	教室	1/5
保育所	保育室	
住宅	居室	1/7
病院・診療所	病室	
寄宿舎・下宿	寝室又は宿泊室	
児童福祉施設等	寝室，保育・訓練等に使用される居室	
学校（大学・専修学校等）	教室	1/10
病院・診療所・児童福祉施設等	談話・娯楽等に使用される居室	

表5-3 採光補正係数の算定式（建築基準法施行令第20条第2項）

号	地域	用途地域	採光補正係数
一	住居系	第一種/第二種低層住居専用地域 第一種/第二種中高層住居専用地域 第一種/第二種住居地域 準住居地域	$d/h \times 6.0 - 1.4$
二	工業系	準工業地域，工業地域 工業専用地域	$d/h \times 8.0 - 1.0$
三	商業系	近隣商業地域，商業地域 用途地域の指定のない地域	$d/h \times 10.0 - 1.0$

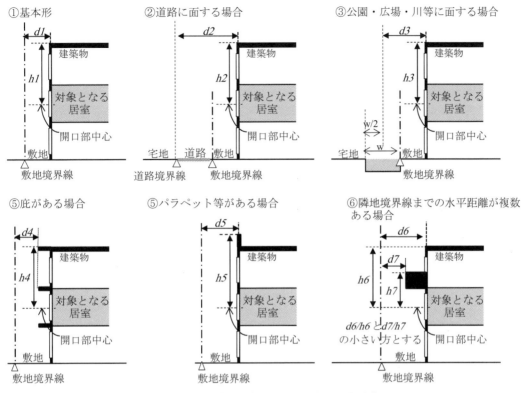

図5-8　採光関係比率における D と H の測り方

表5-4　採光補正係数1.0未満の対処

①開口部が道路に面する

地域	条件	数値
全ての地域	採光補正係数＜1.0	1.0

②開口部が道路に面しない

地域	条件	数値
住居系	水平距離 d ≧ 7mで，採光補正係数＜1.0	1.0
住居系	水平距離 d ＜ 7mで，採光補正係数＜0	0
工業系	水平距離 d ≧ 5mで，採光補正係数＜1.0	1.0
工業系	水平距離 d ＜ 57mで，採光補正係数＜0	0
商業系	水平距離 d ≧ 4mで，採光補正係数＜1.0	1.0
商業系	水平距離 d ＜ 4mで，採光補正係数＜0	0

5.2　建築空間の光環境の質に関する基準 ■■■■■■■■■■■■■■■■■■■■■

5.2.1　照明基準総則

安全で健康的な光環境の創造を目的として，空間に必要な照度の推奨範囲を規定した照度基準JIS

Z9110:1979が長く利用されてきた。その後，照明に対する欲求の複雑化や省エネルギー・環境保護への関心が高まり，基準面の推奨照度に加えて均斉度・グレア・演色評価数などの質的条件も追加した照明基準総則 JIS Z9110:2010[4]に改正された。

　ある空間の作業や活動を通常の視覚で行うための推奨照度は，照明設備の初期値でなく，経年数による光源や照明器具の劣化・汚損を見込んだ維持すべき値（維持照度 $\overline{E_m}$）であり，作業領域又は活動領域の基準面の平均照度で与えられる。基準面を特定できない場合は，床上0.8m（机上視作業），床上0.4m（座業）または床・地面のいずれかを基準面と仮定する。設計照度は推奨照度を基に定められるが，視覚条件が通常と異なる場合，推奨照度の少なくとも1段階上下させて設定してもよい。例えば，①作業者の視機能が弱い，②視対象のコントラストが極端に低い，③精密な視作業であるという場合は，設計照度を高く設定することが望ましい。また，④視対象が極端に大きい，⑤視対象のコントラストが高い，⑥照明領域での視作業時間が極端に短いという場合は，設計照度を低くしても良い。推奨照度別の設計照度範囲を表5-5に示す。推奨照度段階は違いを感覚的に認識できる1.5倍間隔で設定されている。

　雰囲気を重視する場所以外では，作業領域または活動領域の対象面の照度均斉度（＝最小照度／平均照度，U_o）を規定値以上にする必要がある。

　作業領域または活動領域においてグレアを生じると，作業上の誤りや疲労・事故などの原因になるので抑制する必要がある。照明基準総則では，屋内照明施設に対する不快グレアの評価を UGR，屋外照明施設に対する不快グレアの評価を GR で求め，それぞれの制限値（UGR_L，GR_L）を超えないようにする。グレアの計算方法については2.3.2を参照されたい。

　作業領域や活動領域に光源の演色性が重視される場合は，平均演色評価数（R_a）の規定値以上とする。また，JIS Z9101：安全色および安全標識（後述5.4.1）は，常に認識でき，明確に識別できなければならない。

　表5-6に屋内外作業の基本的な照明要件について示す。照明基準総則では，上記の照明要件について作業別や空間用途別に照明設計基準を定めており，照明設備が達成する視覚的に良好な環境を，エネルギー消費を減らすことで悪化させてはならない。しかし，精密な視作業を行う作業領域に高い推奨照度が示されている場合，設計者の判断に任せられる点もある。例えば，設計照度を局部照明で得

表5-5　推奨照度別の設計照度範囲[5]

推奨照度 [lx]	照度範囲 [lx]	推奨照度 [lx]	照度範囲 [lx]	推奨照度 [lx]	照度範囲 [lx]
3	2〜5	50	30〜75	500	300〜750
5	3〜7	75	50〜100	750	500〜1000
10	7〜15	100	75〜150	1000	750〜1500
15	10〜20	150	100〜200	1500	1000〜2000
20	15〜30	200	150〜300	2000	1500〜3000
30	20〜50	300	200〜500	3000	2000〜5000

表 5-6　屋内外作業の基本的な照明要件[4]

領域，作業または活動の種類		$\overline{E}_m$[lx]	U_o	UGR_L	GR_L	R_a
屋内作業	ごく粗い視作業，短い訪問，倉庫	100	—	—	—	40
	作業のために連続的にしようしない所	150		—	—	40
	粗い視作業，継続的に作業する部屋	200		—	—	60
	やや粗い視作業	300	0.7	22	—	60
	普通の視作業	500	0.7	22	—	60
	やや精密な視作業	750	0.7	19	—	80
	精密な視作業	1000	0.7	19	—	80
	非常に精密な視作業	1500	0.7	16	—	80
	超精密な視作業	2000	0.7	16	—	80
屋外作業	非常に粗い短時間作業	10	—	—	—	20
	非常に粗い作業	20	0.25	—	55	20
	粗い作業	50	0.4	—	50	20
	正確な作業	100	0.4	—	45	40
	細かい作業	200	0.5	—	45	60

て全般照明は照度を落とすことで視環境の質を維持しつつ省エネルギーを実現するといった，現実的でフレキシブルな設計が行われるのが一般的である。なお，建物用途別の照明要件については，5.5で示す。

5.2.2　非常時対応の照明の基準

停電や災害発生時に，安全地帯に向かって人々が避難する経路や出入口を誘導し，避難が問題なく行えるための最低限の明るさを確保するための照明設備の設置が，法律により義務づけられている。

(1) 非常用照明器具

建築基準法 35 条及び建築基準法施行令第 126 条の 4 において，住宅（共同住宅含む）・病室・学校等を除く建築物について，停電した場合に自動点灯し，直接照明によって床面照度 1lx 以上を一定時間維持できる非常用の照明装置を設置することが規定されている。ISO（国際規格）の非常用照明[6]においても，避難経路の中心線上の床面照度が 1lx 以上で，対象エリアの最小照度と最大照度の比が 1：40 を超えてはならず，平均演色評価数 $R_a > 40$ であることが規定されている。建築基準法施行令第 126 条の 5 では非常用照明設備は火災時において温度が上昇した場合であっても著しく光度が低下しない構造とすることが定められているが，日本照明工業会の非常用照明器具技術基準[7]では，高温動作特性について周囲温度 70℃で非常点灯時の定格点灯時間（30 分又は 60 分）に一定照度を満足するとある。火災の煙は非常に高温で浮力を持つので，非常用照明器具が天井に設置されている場合は，数分で保証温度以上の煙に暴露され，機能が果たせなくなる。火災時の避難時にも十分な時間，避難経路の明るさを確保するためには，足元や床面など器具の設置位置への配慮も必要である。

(2) 誘導灯及び誘導標識

誘導灯及び誘導標識に関する基準は，消防法施行令第26条及び消防法施行規則第28条に定められている。

建築物の避難口とは，①屋内から直接地上へ通じる出入口（附室がある場合は当該附室の出入口），②直通階段の出入口（同左），③前出①②の出入口に通じる廊下又は通路に通じる出口，④前出①②の出入口に通じる廊下又は通路に設ける防火戸で，直接手で開くことができるものがある場所，である（図5-9）。

誘導灯は，これら避難口の上部またはその直近の避難上有効な箇所，または避難口に通じる通路に設置する，避難方向を示すピクトグラムのあるバッテリー内蔵の照明器具である（図5-10）。劇場や映画館，病院，百貨店など，不特定多数が出入りする建物には誘導灯の設置義務がある。また，避難困難になりやすい地階・無窓階・11階以上についても，誘導灯を設置する必要がある。通路誘導灯は，避難の方向を明示して避難上必要な床面照度を確保するために，廊下・階段・通路その他避難上の設備がある場所に設置する。

避難口誘導灯はピクトグラムや文字で避難口であることを明示した緑色の灯火であり，建物の規模や用途・誘導灯の設置場所・無窓階であるか否かによって，表示面輝度や寸法の異なるA〜C級に等級区分される（表5-7）[9]。避難口誘導は見通し距離が長く，広告灯や店舗案内灯の中でも容易に気付く誘目性が必要とされているので，視認性に関連する表示面の縦寸法と明るさ（表示面の平均輝度×

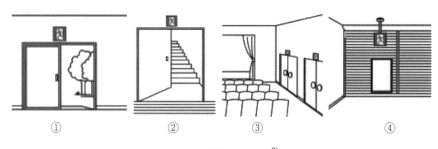

図5-9 避難口の定義[8]

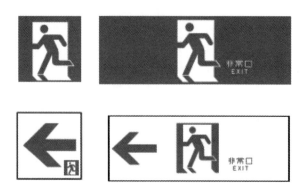

図5-10 避難口誘導灯（上）と通路誘導灯（下）

表 5-7 避難口誘導灯の等級区分と仕様[9]

区分		表示面の縦寸法 h [cm]	表示面の明るさ I [cd]	表示面平均輝度 L [cd/m²]		有効範囲 [m]	
				常用電源	非常電源	→なし	→あり
避難口誘導灯	A級	$40 \leq h$	$50 \leq I$	$350 \leq L < 800$	$100 \leq L < 300$	60 又は $150h$	40 又は $100h$
	B級	$20 \leq h < 40$	$10 \leq I$	$250 \leq L < 800$		30 又は $150h$	20 又は $100h$
	C級	$10 \leq h < 20$	$1.5 \leq I$	$150 \leq L < 800$		15 又は $150h$	
通路誘導灯	A級	$40 \leq h$	$60 \leq I$	$400 \leq L < 1000$	$150 \leq L < 400$	20 又は $50h$	
	B級	$20 \leq h < 40$	$13 \leq I$	$350 \leq L < 1000$		15 又は $50h$	
	C級	$10 \leq h < 20$	$5 \leq I$	$300 \leq L < 1000$		10 又は $50h$	

※通路誘導灯の床埋め込み型にはA級区分が存在せず,表示面の長辺と短辺の比は2:1〜3:1の範囲とする。
※通路誘導灯の床埋め込み型C級の表示面の縦寸法は130mm以上200mm未満とする。

面積)によって区分が定められている。

映画館などに設置される客席通路誘導灯は,上映中に妨げにならないことが必要だが,客席内の通路の床面照度が 0.2lx 以上となるように設ける。

これら誘導灯は,非常電源で20分間作動することを前提とするが,屋外の安全なエリアまで避難完了に長時間を要する大規模・高層等の防火対象物の避難経路に設置するものについては,60分間作動することが必要である。

誘導標識も誘導灯と同様,避難口に設ける避難口誘導標識と,廊下などに設ける通路誘導標識に二分される。蓄光式誘導標識は,照度200lxの外光を20分間照射し,その後20分経過した後の表示面(照射後表示面)が 24[mcd/m²] 以上 100[mcd/m²] 未満の平均輝度を有する中輝度蓄光式誘導標識と,照射後表示面が 100[mcd/m²] 以上の平均輝度を有する高輝度蓄光式誘導標識がある。誘導灯に代えて設置する,若しくは通路誘導灯を補完するために設けられる蓄光式誘導標識は,高輝度蓄光式誘導標識でなければならない。誘導標識を通路に設置する場合,その間隔は,7.5m以下となるようにし,曲がり角にも設置する。2003年2月18日に韓国大邱広域市で発生した地下鉄火災の後,東京メトロなどの地下鉄駅舎の通路や階段に高輝度蓄光式誘導標識が設置されるようになった。

通路誘導灯は避難方向の矢印やピクトグラムが緑色で白地の,避難口誘導灯と配色が逆となっているが(図 5-10),これは世界でもまれな方で,ほとんどの国では避難口誘導灯とデザインを等しくしている。

非常口に逃げるピクトグラムは,日本がISO規格に提案し採用されたものであり,緑と白で配色されている。しかし必ずしも準拠されているわけではなく,ピクトグラムのデザインが異なっていたり,その国の言語で出口(EXIT,Sortieなど)と表示するだけだったり,使用する色が違ったり(アメリカでは赤文字のEXITと白背景のデザイン),国によってさまざまである。

5.2.3 環境性能評価

1979(昭和54)年に省エネルギー法が制定され,建築物に対して省エネ基準に基づく努力義務が課

せられてきたが，2003年からは2000m²以上の非住宅建築物に対して建築確認申請時に省エネルギー計画書の提出が義務づけられ，建築物の5つの設備（空調・換気・照明・給湯・昇降機）ごとにエネルギー消費係数を個々に算出する方法がとられてきた。このエネルギー消費係数とは，「一定レベルの環境を確保するために必要とされる標準的なエネルギー量」に対する「実際に消費されるエネルギー量」の比率であり，照明においては，照明エネルギー消費係数 CEC/L（Coefficient of Energy Consumption for Lighting）が 1.0 以下にすることとされていた。

2013（平成25）年にエネルギーの使用の合理化に関する法律が改正され，建築物の省エネルギー性能に関して，建築物の設備全体の一次エネルギー消費量によって評価する基準が適用されるようになった。これにより，例えば空調設備で消費エネルギーが多くなっても，照明設備の省エネ化によって建物全体として基準をクリアすれば良く，自由度の高い設計が可能となった。室用途ごと・地域用途ごと・設備ごとに単位床面積あたりの基準一次エネルギー消費量が設定され，効率的な省エネ評価が可能な算定プログラムが，建築研究所省エネ基準情報サイトより入手することができる（http:www.kenken.go.jp/becc/index.html）。

建築環境総合性能評価システム CASBEE（Comprehensive Assessment System for Built Environment Efficiency）は，建築物や街区・都市などに関わる環境性能をさまざまな視点から総合的に評価するためのツールであり，環境品質・性能 Q（Q_1 室内環境，Q_2 サービス性能，Q_3 敷地内室外環境）と環境負荷・低減性能 LR（LR_1 エネルギー，LR_2 資源・マテリアル，LR_3 敷地外環境）のバランス及び両者の比率で環境性能を評価する。室内環境（光・視環境関係）では，昼光利用，グレア対策，照度，照明制御についてスコアがつけられる。なお，世界中に同様の環境性能評価ツールが開発されている（米国・カナダの LEED，英国の BREEAM，フランスの ESCALE，スウェーデンの Eco Effect，オーストラリアの NABERS など）。

5.3　都市空間の光環境の質に関する基準と計画

5.3.1　街路照明

17世紀のパリやベルリンでランタンが街灯の柱や街路上部の網にぶら下げられたのが街路照明の始まりであった。時代が進むにつれ街路照明の光源はガス灯，電気アーク灯と変化していき，1879年にエジソンが実用化した白熱電球は瞬く間に世界中の街路に広まった。その後，蛍光ランプ，ナトリウムランプ，水銀ランプなどさまざまな光源が利用されるようになり，現在，多くの日本の都市では街路灯が LED 光源に置き換わっている。

街路照明の目的は，①歩行者の安全性確保，②防犯を含む安心な夜間環境の形成，③周辺環境への配慮である。これらはどのような光源が利用されようとも保証されなければならず，街路空間の演出に先だって達成されなければならない。照明学会の「歩行者の安全・安心のための屋外公共照明基準」[10]では，その設計や運用のために定量的に規定できる要件として，照度・照度均斉度（路面の水

平面平均照度に対する最小照度の比)・グレア制限値及び演色性に関する照明基準を与えている(表5-8)。なお「均斉度」は資料によって取り扱いが異なるものもあり,注意を要する(例えば5.2.2のISO非常用照明では,最大照度に対する最小照度の比で取り扱われる)。

表 5-8 屋外歩行空間の基本的な照明要件[10]

場所の分類 使用状況	場所の分類 周囲の明るさ	水平面照度 E_h [lx]	半円筒面照度 E_{sc} [lx] 鉛直面照度 E_v [lx]	照度均斉度 U_o	屋外グレア 制限値 GR_L	平均演色評価数 R_a
夜間の使用 大	明るい	20	4	0.2	50	40
	中程度	15	3	0.2	50	40
	暗い	10	2	0.2	50	40
夜間の使用 中	明るい	15	3	0.2	50	40
	中程度	10	2	0.2	50	40
	暗い	7.5	1.5	0.2	50	40
夜間の使用 小	明るい	10	2	0.2	55	40
	中程度	7.5	1.5	0.2	55	40
	暗い	5	1	0.2	55	40
階段 急なスロープ	明るい	20	4	—	50	40
	中程度	15	3	—	50	40
	暗い	10	2	—	50	40

また,高齢者などへの配慮が必要な場合は,周辺の明るさが暗い場所においてのみ推奨照度を1段階上げることや,自然災害時等の非常時対応の場合は設計照度を低くできる(災害時屋外避難を考慮する場合は水平面照度の1/10を確保すれば良い)ことを規定している。なお表5-8の照度の基準値は,JISの道路照度基準[11]を参考としており,JISでの「住宅地域での交通量の多い道路」が表5-8の「夜間の使用が小で,周囲の明るさが暗い」に相当し,「商業地域での交通量の多い道路」が「夜間の使用が大で,周囲の明るさが明るい」に相当する。

国際照明委員会CIEの都市部照明のガイド[12]では,犯罪防止の観点から細部に渡って照度基準値が定められている(例えば,街の中心部・商業地域の歩道は水平面照度10[lx]であるが,横断道路は30[lx]である)。なお我が国の防犯灯の照度基準[13]は,4[m]先の対向歩行者の顔の概要を識別するため,水平面照度5[lx]以上・鉛直面照度1[lx]以上を規定している。

5.3.2 道路照明

(1) 道路照明の要件

自動車交通のための道路照明の目的は,道路の構造や路面の状態,障害物の有無,対向車及び周辺状況がよく見えることである。運転手が安全かつ快適に走行できるための道路照明の要件は,①路面の明るさの確保,②ムラのない照明状態,③視機能低下グレアの防止,④視線誘導性を考慮した照明配置である[14]。

要件①路面の明るさの確保に対して,表5-9に示す平均路面輝度の基準が定められている[15]。表中のA,B,Cは道路交通に影響を及ぼす光（建物からの光,広告塔,ネオンサイン等）がどの程度沿道に存在しているかを表している（A：連続的に存在,B：断続的に存在,C：ほとんどない）。特に重要な道路の場合は,平均路面輝度を$2cd/m^2$まで増大することができる。

表5-9 道路照明の平均路面輝度の基準[15]

道路分類	外部条件	A	B	C
高速自動車国道等		1.0	1.0	0.7
		—	0.7	0.5
一般国道等	主要幹線道路	1.0	0.7	0.5
		0.7	0.5	—
	幹線・補助幹線道路	0.7	0.5	0.5
		0.5	—	—

要件②ムラのない照明状態は,路面の総合均斉度0.4以上を原則とし,車線軸均斉度は高速自動車国道等で0.7以上,一般国道等で0.5以上が規定されている。

要件③視機能低下グレアは,対象物の視認性とも関連があり,相対的閾値増加（グレアが存在しない時に視認できる対象物とその背景となる路面との輝度差に対して,グレアが存在する場合における輝度差の増加率）を原則として,高速自動車国道等で10％以下,一般国道等で15％以下が規定されている。

要件④視線誘導性を考慮した照明配置は,適切な誘導性が得られるように,灯具の高さ・配列・間隔等を決定するものである。高さ15[m]以下のポールの先端に照明器具を取付け,道路に沿って配置するポール照明方式がもっとも一般的であり,片側配列・千鳥配列・向合せ配列・中央配列などがある。

(2) トンネル照明

我が国は山間部を通る道路も多く高速道路総延長の約8％がトンネルであり,また近年では都市景観と交通渋滞緩和を目的とした首都高速の地中化など都市圏でもトンネルが多く見られるようになった。昼夜問わず利用されるトンネル照明の照明方式は,車両進行方向の配光がほぼ対称で,側壁取付けは道路横断方向の配光を制御する対称照明方式を原則とする。基本照明の性能指標は道路照明と同じだが,平均路面輝度は設計速度によって異なる（時速80[km]の場合,$4.5[cd/m^2]$）。全長50[m]以上のトンネルでは,トンネル全体を入口部（境界部ℓ_1・移行部ℓ_2・緩和部ℓ_3）と基本部と出口部の3つに分けて,それぞれの順応状態に対応した照明状態を設定する。特に入口部照明については,日中の明るい屋外からトンネルに入る前に坑内が暗黒に見えて運転に支障を及ぼさないよう,またトンネルに入った直後の順応状態の急激な変化で視認性が低下しないように,十分配慮する必要がある。入口部照明各部の路面輝度と長さは,野外輝度が$3300[cd/m^2]$の場合,設計速度に応じて表5-10を標準とする。なお路面照度は,交通量・照明方式・連続するトンネル坑口間距離に応じて低い値にすることができる。

表 5-10 トンネル入口部の照明条件（野外輝度 3300 [cd/m²]の場合）[15]

設計速度 [km/h]	路面輝度 [cd/m²]			長　さ [m]			
	L_1	L_2	L_3	ℓ_1	ℓ_2	ℓ_3	ℓ_4
100	95	47	9.0	55	150	135	340
80	83	46	4.5	40	100	150	290
70	70	40	3.2	30	80	140	250
60	58	35	2.3	25	65	130	220
50	41	26	1.9	20	50	105	175
40	29	20	1.5	15	30	85	130

注) 1) L_1は境界部，L_2は移行部終点，L_3は緩和部終点（基本照明）の路面輝度，ℓ_1は境界部，ℓ_2は移行部，ℓ_3は緩和部，ℓ_4は入口部照明の長さ（$\ell_1+\ell_2+\ell_3$）
2) 野外輝度が本表と異なる場合の路面輝度 L_1, L_2は野外輝度に比例して設定するものとする。緩和部の長さℓ_3は次式により算出する。
$\ell_3 = (\log_{10}L_2 - \log_{10}L_3) \cdot V / 0.55$ [m]
ただし，Vは設計速度 [km/h]
3) 通常のトンネルでは，自然光の入射を考慮してトンネル入口より概ね 10mの地点より人工照明を開始する。
4) 対面交通の場合は，両入口それぞれについて本表を適用する。短いトンネルで両入口の入口部照明区間が重なる場合は，路面輝度の高い方の値を採用するものとする。

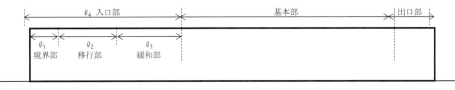

5.3.3 景観照明

　街路照明が都市に出現したのは17世紀のヨーロッパであったが，あくまでも夜間歩行時の安全の確保が目的であった。イルミネーションを含めた夜間空間の演出を目的とした景観照明が始まったのは18世紀以降である。景観照明の目的は，対象物あるいは背景に適度な明るさを与え，夜間，対象物を美しく浮かび上がらせることにある[16]が，単に歴史的・文化的特性を美しく演出するだけでない。それぞれの地域が持つ景観特性を「光」の手段で明らかにすることにより，その地域の記憶の原点をつくり，永続性を認識させることにある[17]。また建築と異なり，「光」は明るさの強弱・分布・色・時間変動など自在に設定することができるので，景観照明には生活リズムへの同調や季節感の演出も求められる。

　景観照明の技法[18]として一般的なルールを以下に示す。
①対象物の背景が明るい場合は，対象物の外縁を暗くして対象物を浮かび上がらせる。
②対象物の背景が暗い場合は，外縁を明るくして対象物を逆シルエットとして浮かび上がらせる。
③対象物の凹凸が小さい場合は，主照明を対象物に対して45°以上で照射させる。

④対象物の凹凸が大きい場合は，③に加えて主照明照射方向と90°となる位置に副照明を配置する。
また光の利用の仕方からは，3種の照明手法に分類される。

①直接投光：ライトアップで代表される投光器等により対象物を直接照明する方法で，歴史的建造物などの形態や全体像・陰影を強調する。2010年頃からは，大型プロジェクターで動画像を建物大壁面に投影してダイナミックな演出をするプロジェクションマッピング手法も用いられるようになった。

②発光：イルミネーションなど装飾としての照明を設置する方法で，タワーや橋梁の輪郭や構造を強調する。

③透過光：建造物の屋内照明による窓越しの明かりを夜景の演出として活用する方法で，高層建築群の町並景観に代表される。

実際の都市計画の場においては，単体の構造物をライトアップすることだけでなく，その地域での営みや伝統に結びつけた景観照明が求められることがある。北陸の小京都として有名な金沢市では，2005（平成17）年に「金沢市における夜間景観の形成に関する条例」を制定し，地域の特性に応じた良好な夜間景観を形成するため，照明環境形成地域及び夜間景観形成区域を定め（図5-11），各地域・区域にある公共照明を主な対象として演出の手法や照明要件（照度・色温度・演色性・グレア・障害光及び上方光束比）の基準を設けている[19]。例えば，夜間景観形成区域の対象である歴史的景観保全区域では，色温度は2700〜3500[K]（4300[K]まで許容可），光源の演色性はR_a80以上として，周囲の地域と違いを明確にしている。なお，照明要件の照度・グレア・障害光及び上方光束比は，その歴史的景観保全区域が含まれる地域の基準に準じることとなっている。

5.3.4 光害対策

光害は，環境に存在する光によって人間や生態系に悪影響を及ぼす状況をいい，日没後の人工照明によるものだけでなく，日中の熱線反射ガラスや太陽光発電等への太陽の映り込みが第二のグレア源として周囲の建物に悪影響を及ぼすことも含まれる。環境省の光害対策ガイドライン[20]では主に夜間照明における光害について触れられており，本項でも夜間について概要を述べる。なお，日中の光害については，光環境の問題だけでなく熱環境負荷の問題もある。

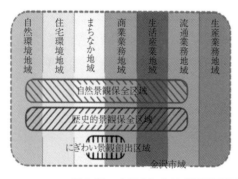

図5-11 金沢市における照明環境形成地域と夜間景観形成区域の概念図[9]

夜間に人間が社会活動を営む上で，視認性の確保など目的に応じて人工照明を使用する必要があるが，周辺環境やより広域レベルでの良好な光環境を阻害し，生態系に悪影響を及ぼすことがある（図5-12）。

生態系（動植物）への影響として，①動植物の生育や生存圏への影響，②害虫の誘引に大別される。長期にわたり夜間照明に曝されると，街路樹の変形や紅葉の遅れ，イネやホウレンソウの生育障害，家畜や家禽の生理の不順が生じ，ウミガメの産卵障害やホタルの消失など種の保存にも悪影響を及ぼす。人間の諸活動への影響として，③天体観測への障害，④睡眠妨害・生体リズムの不調，⑤歩行者に対するグレアがある。

これらの問題に対処するため，照明率（照明領域に到達する照明器具からの光束の，その照明器具に用いられているランプ光束に対する比率）が高くなるような照明器具の設置が推奨されており，照明環境の類型に応じた上方光束比の推奨値が示されている（表5-11）。なお，光害の対応は国外でも同様に行われており，国際照明委員会CIEが規定した障害光抑制のための許容最大値[21]を表5-12に示す。

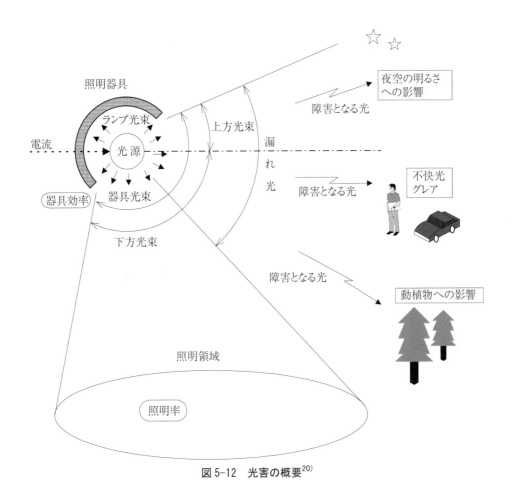

図5-12 光害の概要[20]

表 5-11 光害対策ガイドラインにおける上方光束比の規定値[20]

照明環境		周辺の明るさ	「あんしん」	「たのしみ」
I	自然公園や里地	暗い	0%	—
II	村落部や郊外の住宅地	低い	0〜5%	
III	都市部住宅地	中程度		0〜15%
IV	大都市中心部・繁華街	高い		0〜20%（行政による整備の場合は 0〜15%）

表 5-12 障害光を抑制するための照明技術特性値の許容最大値[21]

			環境区域				
			E0	E1	E2	E3	E4
鉛直面照度 [lx]		滅灯時前	n/a	2	5	10	25
		滅灯時以降	n/a	0.1 未満*	1	2	5
照明器具光度 [cd]	滅灯時前	$A \leq 0.002$**	0	0	0.29d		
	滅灯時以降 Aは発光部面積 [m^2]	$A \leq 0.002$	0	0.29d	0.57d	0.86d	1.4d
		$0.002 < A \leq 0.01$	0	0.63d	1.3d	1.9d	3.1d
		$0.01 < A \leq 0.03$	0	1.3d	2.5d	3.8d	6.3d
		$0.03 < A \leq 0.13$	0	2.5d	5.0d	7.5d	13d
		$0.13 < A \leq 0.50$	0	5.1d	10d	15d	26d
建物表面の輝度 [cd/m^2]			0.1 未満	0.1 未満	5	10	25
サイン輝度 [cd/m^2]			0.1 未満	50	400	800	1000
ランプ光束に対する上方光束比			0	0	0.025	0.05	0.15

E0：ユネスコの星空保護区・主要な天文台など，「本来暗い」光環境
E1：比較的居住していない地方領域，「暗い」光環境
E2：まばらに居住している地方領域，「低い明るさ」の光環境
E3：適度に居住している地方あるいは都市の居住地，「中程度の明るさ」の光環境
E4：都市中心および商業施設，「高い明るさ」の光環境
* 公的な道路照明とする場合は，1lx未満とできる
** 滅灯時前の規制値も，発光部面積に応じて変化する（文献 19）参照）

5.4 色の基準と計画

5.4.1 安全色

人への危害及び財物への損害を与える事故防止・防火・健康上有害な情報並びに緊急避難の情報を示すことを目的として，JIS では安全標識の色とデザイン原則について規定している。安全色[22]は安全を図るための意味を備えた特別の属性をもつ色のことで，表 5-13 に示す 8 色が我が国では規定されている（放射能を意味する赤紫は，ISO では安全色に指定されていない）。安全標識[23]は，安全色と幾何学的な形状を組み合わせた基本形によって一般的なメッセージを伝え，図記号（ピクトグラム）を加えることで特定のメッセージを伝えるサインのことで，具体例を図 5-13 に示す。

表 5-13 安全色[22)]

	色名	表示事項	参考値
安全色	赤	防火・禁止・停止	7.5R 4/15
	黄赤	危険・明示*	2.5YR 6/14
	黄	警告・明示・注意	2.5Y 8/14
	緑	安全状態・進行	10G 4/10
	青	指示・誘導	2.5PB 3.5/10
	赤紫	放射能	2.5RP 4/12
対比色	白	通路	N9.5
	黒	—	N1.0

* 航海・航空の保安施設

一般指示

消火器

火気厳禁

非常口

放射能

感電注意

図 5-13 安全標識の例[23)]

5.4.2 色彩のユニバーサルデザイン

文字をはっきりと識別させるための色彩調整には，背景と文字の明度比（輝度対比）を大きくすることが第一である。私たちの日常生活の大多数の文字は輝度対比が 0.5 以上であり，視認能力の高い青年にとって，この条件下の色相・彩度は明視性に影響を及ぼさない[24)]。

人間の水晶体は，図 5-14 に示すように加齢に伴い分光透過率が変化し，特に低波長の青色光が見え

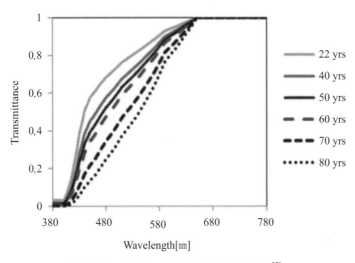

図 5-14 水晶体の分光透過率の年齢比較[25)]

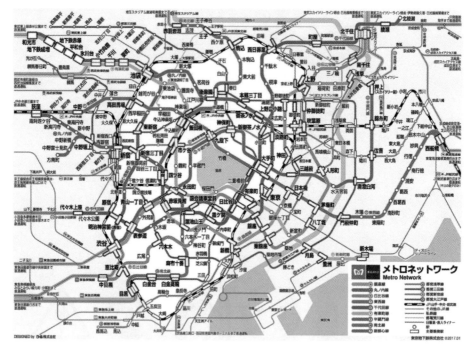

図 5-15　東京のメトロネットワーク配色例

にくくなる[25]。コンロのガス火による着衣着火が高齢者に多いのは，青い炎の輪郭が識別しにくいことによる。

地下鉄の路線図のように多くの路線を区別するには，明度だけでなく色相や彩度を効果的にデザインに取り込む必要がある。東京の地下鉄ネットワークは，東京メトロ9路線と都営4路線，そしてJRを含むその他5路線で構成されている。それぞれの路線が高齢者にとっても識別できるよう，厳密に配色されている（図5-15）。

5.4.3　都市景観への配慮

建築空間の色彩設計のプロセスは，①設計条件の把握（色彩についての要望・費用・スケジュール），②事前調査（立地条件・景観条例踏査など），③コンセプトの立案（ゾーニングなど），④色彩選定（色彩仕上表の作成・構成要素の色彩分類・塗り分けの考え方・周囲環境との調和・基調色/配合色/アクセント色の選定），⑤シミュレーション評価・プレゼンテーション，⑥現場での色彩管理，の順に行われる[26]。特に建築外観の色彩計画においては，事前調査における立地条件の調査が重要となる。

景観法が2005（平成17）年に施行され，それぞれの地方自治体（景観行政団体）でさまざまな法的取組みが行われてきた。景観条例や屋外広告物規制で建物や広告物の色彩規制が行われており，主に高彩度の使用を禁じている。特に重要伝統的建造物群保全地区の町並みにおいては，歴史的建造物の材質や色彩に調和した屋外広告物等の色彩計画について，厳密に定められている。

5.5 建築用途別の視環境計画 ■■■■■■■■■■■■■■■■■■■■■■■

　照明計画を含めた視環境設計は，感覚的・美的に行われていると思われがちで，インテリア設計集等の事例も多く，実務では経験的に行われることが多い。しかし本来は，第一の目的である視覚機能の確保に立ち返り，その空間の視対象やしつらえに応じて，そこで行われる活動に沿った科学的・合理的な手順で視環境設計がなされるべきである。

　さらに使用エネルギーの軽減を目指すためには，昼光の利用も必要である。昼光は太陽位置や天候により明るさの変動が大きく，昼光を取り込む窓等の開口部からの熱的環境負荷にも配慮を要する。安定した光の供給を行うためには，まず昼光を利用する開口部を含めた建築計画を行った上で人工照明による視環境設計を行い，日射制御装置・システムを適切に配備した昼光利用が重要である。

5.5.1 人工照明による設計の手順

　人工照明を主とした照明計画・設計の一般的な手順を示す。空間の用途や視作業の内容によって設計条件は個々に対応する必要があり，用途の異なる空間の視環境設計におけるコンセプトは5.5.2以降に示す。

(1) 空間のコンセプトの策定

　対象となる空間の施主や利用者のニーズを調査し，どのような空間を実現するのかコンセプトを策定する。その空間における行為の目的（例えば，事務所における作業効率，飲食店舗における雰囲気演出など）が最大限達成できるように，視環境を適切にイメージして設計方針を定める。

(2) 設計条件の把握

　対象空間の使用者の属性や，その空間で想定される視作業の内容を把握する。これらは空間の用途によって異なる。

　窓や開口部の設置位置・大きさ，日射遮蔽装置などの昼光制御方法を決定する。昼光や外部の景色の取込みに応じた窓ガラスの種類を選択する。

　照明に関わる空間の内装条件を決定する。天井・壁・床などの主要部位の色彩や反射率は，反射光による間接照度の確保に重要であり，学校や事務所では，天井・壁に高反射率の仕上げが施されるのが一般的である。

　また，空間に配備する家具や内装材の色・形・配置を決定する。これらは照明だけでなく，空間の印象にも大いに影響する。

(3) 設計目標値の決定

　空間の用途に応じた使用目的，視作業内容，想定される行為などに従って，主たる照明要件の設計目標値を決定する。

　照度・グレア・均斉度などの重要項目は，照明基準総則を参考にして決定する。

明視が主体の空間は，なるべく均一な輝度分布が望ましいが，雰囲気を重視する空間は，明暗の強弱による演出も必要となる。対象となる空間で多様な行為が行われる場合，複数の照明器具の使用や制御方法を備えることが望ましい。

(4) 照明手法の選定

照明方式，光源，照明器具を選定する。

照明方式は全般/局部照明，建築化照明などさまざまあり，空間のコンセプトに合致した方式を選択する。また照明方式選定時は，照明器具の取り付け形態や配光に配慮する。

光源の選定時は，光源の特性（光束・分光特性・光源色・演色性），経済性（効率・寿命），動作性（調光・調色の容易さ，始動に要する時間，時間制御，周辺温度による影響等）などを考慮する。

照明器具の選定時は，機能性（フリッカー，配光，照明率，グレア），意匠性，保守管理の容易さ，安全性などを考慮する。

照明器具の設置位置は，照度や均斉度などの設計目標値を満足すること，グレアを生じないこと，不要な影を作らないこと，人間や什器にぶつからないこと等が必須の項目である。空調吹出口や誘導灯の位置関係などにも配慮が必要である。また動線を考慮してスイッチ位置を決定する。

制御方法や照明の点灯区分を決定する。調光制御や人感センサ・照度センサ等の導入は，省エネルギー対策に必要である。また，昼光を導入する開口部の位置や施設内の作業領域等を考慮した上で，照明の点灯区分を決定する。

(5) 設計目標値の確認

作成した照明設計案について，目標地点の照度値，空間の照度分布（均斉度），グレアの有無など，空間のコンセプトに対して矛盾や問題がないことを確認する。また必要に応じて，重要な視点場における輝度分布 CG（コンピューターグラフィクス）画像等を作成する。

5.5.2 住宅

住宅は，生命を維持し安眠を確保する「避難所」「寝屋処」，家族を育成し結びつける「巣」「憩いの場」，生産活動を行う「作業場」といったさまざまな機能を持つだけでなく，集落の文化・伝統・歴史を創造する拠点でもある。また，居室，客間，設備・作業室や通路部など，さまざまな用途空間の複合体でもあり，安全性や機能性だけでなく快適性や個性の表現も求められる。

住宅に電灯が導入されてから長い間，我が国では室の天井中央部に1台の照明器具を設置して室全体を均一に照らす「一室一灯照明方式」が一般的であり，特に白色蛍光ランプのシーリングライトが好んで用いられてきた。一方，欧米諸国では必要な場所に必要なあかりを灯す「多灯分散照明方式」が一般的であり，さまざまなデザインの白熱灯器具が用いられてきた。LED光源が一般照明光源として十分な発光効率を達成した2010年頃から，急速に屋内外の主照明として導入されるようになった。住宅照明もLED化が進んでおり，建築化照明やダウンライトを多用した多灯分散照明方式が我が国でも標準になりつつある。

住宅ではさまざまな行為を行い，部屋の用途も多岐にわたる。住宅での各空間における生活行為に応じた照明設計基準がJIS Z9110照明基準総則で定められており，表5-14に示す。表では視作業水平面（机上視作業では床上0.8[m]，座業では床上0.4[m]），床・地面及び鉛直面照度の維持照度を中心に示しており，表下備考に照度均斉度（路面の水平面平均照度に対する最小照度の比：以後，本節におけるJIS Z9110照明基準総則に関する照度均斉度は全て同等である）や光源の演色評価数の基準について補足している。精密な視作業（表5-14の太文字）の場合は，作業領域の照度均斉度は0.7以上が推奨されている。また屋内領域の大半は平均演色評価数 R_a80以上が推奨されている。なお視覚条件が通常と異なる場合（例えば，青年の約半分の視力を持つ高齢者）は，前出表5-5の照度設定段階に基づいて設計照度を1段階上下させてもよい。

居間（リビングルーム）は，住宅の中でもっとも多目的に利用される空間であり，時には接客のような公的で非日常的な空間利用も行われる。作業を行う領域に十分な明るさを確保することに加え，調光・調色機能を備えた照明システムの導入や，建築化照明などによる不均一な明るさ分布の演出などが求められる。

表5-14 住宅の照明設計基準[4]

維持照度[lx]	屋内領域											屋外領域	
	居間	応接室座敷	食堂	台所	書斎子供室勉強室	寝室	家事室作業室	浴室脱衣室化粧室	便所	玄関	階段廊下	納戸物置車庫	門玄関周り	庭
1000	**手芸裁縫**						**手芸裁縫ミシン**							
750					**勉強読書**									
500	**読書**				VDT作業	読書化粧	**工作**VDT作業			鏡				
300			食卓	調理台流し台				ひげそり化粧洗面						
200	団らん娯楽	テーブルソファ座卓飾り棚床の間			遊びコンピュータゲーム		洗濯			靴脱ぎ飾り棚				
100		全般		全般	全般		全般	全般		全般			パーティー食事	
75									全般					
50	全般		全般								全般	車庫全般(40)		
30												納戸物置全般(40)	表札・門標新聞受け押しボタン	テラス全般
20						全般								
5											通路			通路
2						深夜				深夜			防犯	防犯

※表中の太文字の作業領域では，照度均斉度0.7以上が推奨されている
※表中の多くの作業・空間において平均演色評価数 R_a80以上，納戸・物置・車庫は R_a40以上が推奨されている。屋内領域の深夜及び屋外領域に R_aの推奨値は設定されていない
※居間での「軽い読書」は「娯楽」とみなす
※浴室・脱衣室・化粧室での「ひげそり・化粧」は主として人物に対する鉛直面照度で取り扱う

台所（キッチン）は，住宅の中で最重要な作業空間である。全般を明るく照らす照明と共に，コンロ・シンクなどそれぞれの作業領域にタスクライトを設置し，手元に影を作らないように配慮する。食材の鮮度を確認する必要もあり，演色性の良い光源を用いると良い。

トイレでは排泄物による健康管理も行われるので，トイレ空間全体を明るく照明するとともに，高齢者の夜間の頻尿に対応するため，調光機能を備えて深夜時に光量を抑えると良い。洗面所の天井照明だけだと顔に陰影が生じるため，鏡に照明を配置して顔面を明るく照らすようにすれば良いが，グレアには十分配慮する。

安全な住まいづくりにおいて，移動空間の照明も重要である。玄関ドア外側には，防犯や来客確認のための照明が必要である。玄関内では，帰宅者と家人の顔が共に明瞭に照らされるように上がり框の真上に拡散性の高い照明を設置し，靴箱などの収納スペースにも十分な明るさを確保する。階段は昇降に十分な踏面の明るさ確保や，昇降する人の影の抑制，そしてどの位置からもグレアが生じないような器具選定や配置が必要である。廊下は居室をつなぐ空間であり，居室の明るさとのバランスに注意し，常夜灯として足元灯を設置すると良い。なお，階段と廊下の照明には，どの位置にいても点消灯が出来るように三路スイッチを用いる。

5.5.3 オフィス

オフィスは長時間生産活動を行う空間であり，視認性を十分確保することに加えて快適性や省エネルギー性とのバランスが必要である。オフィスの机上作業の基本的条件は，①作業に対する所要照度を確保すること，②視作業を妨げるグレアがないこと，である。表 5-15 に JIS Z9110 照明基準総則のオフィスの照明設計基準を示す。住宅と異なり，多くの作業や空間で維持照度と不快グレア制限値 UGR_L が設定されており，平均演色評価数 R_a も高い傾向にある。なお表中の UGR_L の数値とグレアの程度の関係は，16（グレアが気になると感じ始める）19（グレアが気になる）22（グレアが不快であると感じ始める）である。

通常オフィスでは，全般照明方式とタスク・アンビエント照明方式（TAL）が採用される。全般照明方式は，天井全体に照明器具を規則正しく配置して，机上面全体にほぼ均一な照度を与える方式である。家具レイアウトが変更されても照明条件が著しく変わらないという長所があり，テナントビルオフィスで多用される。TAL 照明方式は，作業（タスク）領域に所要の照度を確保し，周辺（アンビエント）領域はそれより低い照度に設定する照明方式である。営業部など在席率の低いオフィスでは，個々のタスクライトを消灯することで省エネルギー効果が得られる。特に 2011 年に発生した東日本大震災で電力不足が問題となって以降，エネルギー効率の高い LED 照明器具の利用と共に，TAL 照明方式を推奨するオフィス照明設計技術指針が改訂された[27]。作業領域と周辺領域の照度が極端に異なると，眼精疲労や不快感を生じさせる。周辺領域の照度は表 5-16 に示す値を下回らないようにするべきである[28]。

図 5-16 は 35,000m²程度のオフィスビルを対象として 2009 年に報告された資料[29]に基づく，オフィ

スビルの用途別一次エネルギー消費を示している。熱源に続いて照明設備のエネルギー消費は大きく，省エネルギー対策に重要な項目となっている。前述の高効率LED照明器具の利用，TAL照明方式の採用に加え，各種センサを用いて昼光を積極的に利用したり，室内仕上げに高反射率素材を利用したり，照明器具の保守率を上げたりすることも必要である。

表5-15 オフィスの照明設計基準[4]

維持照度 (lx)	UGR_L	作業	執務空間	共用空間	移動空間
750	指定なし				玄関ホール（昼間）
	19		事務室		
	16	設計・製図	設計室・製図室 役員室		
500	22		調理室		
	19	キーボード操作 計算	診察室（90） 印刷室 電子計算機室 守衛室	会議室・集会室 応接室	
	16		集中監視室・制御室		
300	指定なし			食堂 化粧室（90）	エレベータホール（60）
	22		受付		
	19			宿直室	
200	指定なし			喫茶室・オフィスラウンジ・湯沸室 書庫 更衣室 便所・洗面所 電気室・機械室配電盤等（60） 常時使用する倉庫（60）	
150	指定なし				階段（40）
100	指定なし			休憩室 倉庫（60）	玄関ホール（夜間・車寄せ）（60） 廊下・エレベータ（40）

※表中の太文字の作業領域では，照度均斉度0.7以上が推奨されている
※表中の多くの作業・空間において平均演色評価数Ra80以上が推奨されている
　それ以外の推奨値の場合は（数値）で表記した

表5-16 作業領域の照度に対する周辺領域の照度[28]

作業（タスク）領域の照度 [lx]	周辺（アンビエント）領域の照度 [lx]
750以上	500
500	300
300	200
200以下	作業照度と同一の照度

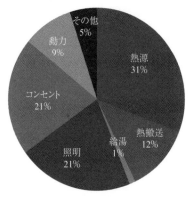

図 5-16 オフィスビルの用途別エネルギー消費
（レンタブル比 60%のテナントビル）[29]

5.5.4 商業施設

　従来の店舗照明では，店内の明るさを確保する基本（ベース）照明とディスプレイ商品を照らすアクセント照明，及び華やかさを演出する装飾照明で構成されていた。最近では，店舗のコンセプトイメージを第一に考え，商品の存在や魅力をアピールするために，棚下照明，ウォールウォッシャー，スポットライト，間接照明などが用いられる。JIS Z9110 照明基準総則において，物品販売店の陳列棚やショーウィンドウの重要部は維持照度 2000[lx]，店内全般照明は 500[lx]であり，平均演色評価数はどの領域も R_a80 以上が設定されている。光源の色温度は空間イメージへの影響力が大きく，コンセプトに合わせた色温度を選択する。ショーウィンドウに外の景色が映り込み，中の陳列品が見にくくなることを防ぐには，陳列品の輝度を外景輝度の 20% 以上にすると良い[29]。

　飲食店舗照明は，料理を美味しそうに見せ，人の表情を好ましく見せ，空間全体の雰囲気が快適であることが求められる。西洋料理やバーでは点光源を用いた陰影や輝きの演出，和食では拡散光を用いた柔らかく明るい照明が一般的である。飲食店舗は物販店舗と異なり，空間の滞在時間が長いことが特徴であるため，同行者の顔に好ましくない影が現れることのないよう，モデリングを十分検討する必要がある。JIS Z9110 照明基準総則において，飲食店の調理室・厨房は 500lx，クロークカウンター・レジスタ・食卓は 300〜500lx であり，通路部を除く領域はすべて平均演色評価数 R_a80 以上が設定されている。

5.5.5 病院・高齢者施設

　病院や高齢者施設といった保険医療施設では，医療看護行為を効果的にサポートする照明環境であることはもちろん，患者の治癒を促す快適な照明環境であることも同時に求められる。病院はその用途により，病棟部門，外来部門，診療・検査部門に大別され，それぞれの空間用途での作業に応じた照明条件が設定されている（表 5-17）。患者の健康状態を的確に確認できるよう，多くの空間で平均

表 5-17　保険医療施設の照明設計基準[4]

維持照度 [lx]	UGR_L	作業	診察・検査空間	執務・共用空間	移動空間
1000	19	**視診・救急処置 分娩介助・注射 予防接種・調剤 技巧・検査** （全て90）	手術室（90） 救急室・処置室（90） 視機能検査室（90）		
500	指定なし		霊安室（90）		
	19	**剖検**（90） **窓口事務**	診察室（90） 回復室（90） 一般検査室（90） 剖検室（90） X線室 調剤室・技巧室（90）	事務室・医局・薬局 会議室 図書室	
	16		生理検査室（90）		
300	指定なし	**ベッドの読書**		食堂	
	22		消毒室，麻酔室		
	19	**包帯交換**	温浴室，運動機械室	相談室・宿直室	
200	指定なし			カルテ室・薬品倉庫 浴室・便所・洗面所	病棟 外来の廊下
	22			育児室・面会室・待合室	
150	指定なし				階段（40）
100	指定なし				玄関ホール（60）
	19		病室（全般）		

※表中の太文字の作業領域では，照度均斉度0.7以上が推奨されている
※表中の多くの作業・空間において平均演色評価数R_a80以上が推奨されている
　それ以外の推奨値の場合は（数値）で表記した
※手術部位の照度は10000〜100000[lx]，視機能検査室は50[lx]まで調光できることが望ましい

演色評価数R_a90以上が推奨されている。

　病室は，入院患者にストレスを与えることなく日常生活にできるだけ近い癒しの環境づくりが基本となる。全般照明は柔らかい光でグレアを感じさせないものとし，読書用照明と常夜灯（足元灯）をベッド周りに配置させると良い。病棟では，ストレッチャーで運ばれる患者がグレアを感じないように，廊下の照明にもグレア対策を行う。

　常にクリーンな環境を保持しなければならない手術室やICUでは，ほこりが付着しにくい制電性や耐薬品性にすぐれた照明器具を使用する。手術台の中央には10000〜100000[lx]程度の無影灯を設置し，手術台をロの字型で取り囲むように全般照明（1000[lx]）を設置する。

　検査室は，血液などの検査を行う一般（検体）検査室と，脳波や心電図など測定する生理検査室に大別される。筋電計などの微小電圧を測定する場合は，静電誘導や電磁誘導の支障を避けるためのシールドが必要である。MRI検査室は全体がシールド処理され，室内は強力な磁場となる。そのため照明器具の材質は非磁性体とすることが望ましく，一般的には白熱電球が用いられる[29]。

5.5.6 美術館・博物館

　美術館や博物館では，展示物を鑑賞・観察調査するために，忠実な色再現や適切な凹凸表現をするための照明が必要である。また一般の照明と異なり，展示物の保護や損傷防止も重要である。かつては演色性が高く開放感もある昼光を中心とした照明が主流であったが，直射日光の制御，紫外線の遮光，空調負荷の軽減など，注意する点も多い。最近は，紫外線放射がなく高演色性・小型で展示ケース内にも設置可能な LED 照明器具が多用されるようになっている。

　展示面へは来館者の鑑賞・観察調査にとって必要な照度を確保しなければならないが，光放射による展示物の損傷にも注意が必要である。JIS Z9110 照明基準総則では，展示物の種類によって表 5-18 のように設定されている。光放射による損傷や変退色は，特に 400nm 以下の波長が有害であり，昼光に比べると LED 光源や紫外線吸収膜付蛍光ランプは損傷度合が低く，美術館・博物館用の光源として適しているが，これらも高照度で長時間照射すれば展示品へ影響が無視できない。損傷の程度は有害な波長光の総量（年間積算量・露光量）で規定されるべきだが，設計・維持管理の運営上，展示品の材料に応じて制限照度と限界露光量が表 5-19 のように定められている[30]。

　ガラス付の額縁やガラスケースに入った展示物は，光源が画面に正反射したり，ガラス面に背景が映り込んだりして，鑑賞等の妨げとならないように，照明器具の設置位置を注意する必要がある。

表 5-18　美術館・博物館の照明設計基準[4]

維持照度 [lx]	R_a	領域・作業または活動の種類
1000	90	彫刻（石・金属），造形物，模型
500	90	彫刻（プラスタ・木・紙），洋画
200	90	絵画（ガラスカバー付），日本画，工芸品
200	80	一般陳列品
100	90	はくせい品，標本
100	80	ギャラリー全般
20	80	映像・光利用展示部
20	60	収納庫・収蔵庫

※上記の領域では照度均斉度と UGR は設定されていない

表 5-19　収蔵品の光に対する応答度の分類と制限照度・限界露光量[30]

材料分類		制限照度 [lx]	限界露光量 [lxh/年]
応答度なし	金属，石，ガラス，陶磁器，琥珀，鉱物	無制限	無制限
低応答度	油彩画やテンペラ画，フレスコ画，未染色の皮革や木，角，骨，象牙，ラッカー，プラスチック	200	600000
中応答度	衣装，水彩画，パステル画，タペストリー，印刷物や素描，原稿，模型，ディステンパー画（にかわによる画），壁紙，グワッシュ画（不透明水彩画），染めた皮革，植物標本・毛皮・羽毛を含む歴史的天然物	50	150000
高応答度	絹，非常に変質しやすいと知られている色素，新聞	50	15000

※応答度なしには，全て不変の材料で構成され，光に対する応答度がほとんどないものを含む

5.5.7 学校

学校照明は，児童生徒にとって，机の上での読み書きや黒板の文字の見え方で十分な視認性を確保でき，先生にとって，生徒の顔の表情などが判別しやすい照明条件が求められる。JIS Z9110 照明基準総則における学校の照明設計基準を表 5-20 に示す。文部科学省の「学校環境衛生基準」[11]では，教室の照度下限値は 300 lx とし，教室及び黒板の照度は 500 [lx]以上であること，また教室及び黒板のそれぞれの最大照度と最小照度の比は 20:1 を超えてはいけず，できるだけ 10:1 を以上とすることとされている。

特に小学校において，教室の一面及び廊下を窓に面するように配置して，積極的な昼光利用が行われる。省エネルギーの観点からも適切な昼光利用は好ましいが，窓面によるグレア・光膜反射・教室や黒板の照度の不均一さ等に十分注意する必要がある。「学校環境衛生基準」[31]では，黒板の外側 15 度以内の範囲に輝きの強い窓や光源がないこと，見え方を妨害するような光沢が黒板面及び机上面にないこと，見え方を妨害するような窓や光源がテレビ及びコンピュータの画面に映じていないことが要求されている。さらに黒板面の色彩は，無彩色の場合は明度 3 を超えないこと，有彩色の場合は明度と彩度が 4 を超えないことが指定されている。昼光利用をする場合は，少なくとも窓側と廊下側の二

表 5-20 学校の照明設計基準[2]

維持照度 (lx)	UGR_L	作業	学習空間	執務・共用空間	移動空間
1000	19	精密実験			
	16	精密工作			
750	16	精密製図	製図室		
500	22			厨房	
	19	美術工芸製作 板書 キーボード操作 図書閲覧	被服教室 電子計算機室 実験実習室 図書閲覧室	研究室 会議室 放送室	
	16			保健室（90）	
300	指定なし			食堂・給食室	
	22		体育館	教職員室，事務室	
	19		教室	印刷室 宿直室	
200	指定なし			ロッカー室・便所・洗面所	
	22		講堂	集会室	
	19			書庫	
150	指定なし				階段（40）
100	指定なし			倉庫	廊下（40） 昇降口（60）
50	指定なし				非常階段（40）

※表中の太文字の作業領域では，照度均斉度 0.7 以上が推奨されている
※表中の多くの作業・空間において平均演色評価数 R_a80 以上が推奨されている
　それ以外の推奨値の場合は（数値）で表記した
※教室や会議室は，照明制御を可能とする

系統に点灯回路を分けるのが一般的である。しかし，プロジェクターを教室内に設置する場合は，スクリーン上方の照明器具を消灯する必要があり，昼光利用とは別の系統分けにも配慮する必要がある。

5.6　光環境の可視化

5.6.1　光環境の可視化とは

　可視化とは，目に見えない熱や音などの環境要素の量や流れの向きを目に見える形で表現するものである。光は目に見えるものであるが，照度や輝度等の測光量を数字のまま扱うよりも，可視化して図として全体を確認するほうが理解しやすいこともある。この際，投影により三次元の建築空間を二次元の図に変換することとなるが，図 5-17 に示すように，投影には正投影と透視投影の 2 種類が用いられることが多い。正投影は，投影対象となる面を投影面に平行に投影するもので，投影面に垂直な面は図に現れないが，対象となる面（投影面に平行な面）の正しい形が図に表現されるメリットがある。このため，特定面の照度分布の表現等に適しているが，空間全体の光環境を表現することができない。一方で，透視投影は投影線が集まる位置（視点）から見た場合の遠近感が反映された図となるため直感的な理解が容易であり，輝度分布の表現などに適している。一方で，視線方向の反対側や陰になっている部分は表現されず，やはり空間全体の光環境を表すことができない。これらの問題点に対応するため，正投影で表現された図を展開図のように並べる表現や，太陽位置の表現で用いられる正射影のような方法で視野角を広げた透視投影を用いる表現なども存在するが，あまり一般的ではない。ただし，デジタルカメラで撮影した画像を基に求められた輝度分布については，デジタルカメラに魚眼レンズを用いることにより，広範囲を 1 枚の図に収める方法も用いられる。

　照度，輝度等の測光量の値については，等高線，測光量の値に特定の色を対応させた疑似カラー表現，光と色を考慮した CG 表現が用いられる。以下，それぞれの手法について説明を行う。

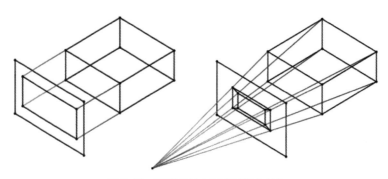

図 5-17　正投影（左）と透視投影（右）

5.6.2 等値線による可視化手法

図 5-18 のように，測定や計算によって得られた測光量の値の分布を基に等値線を描く手法である。照度計を用いて得られた照度分布のように，測定点のサンプルが十分でない場合に用いられることが多い。等値線の間隔より細かい単位での値を読み取ることはできないが，値が過少・過大である箇所を確認するためには十分な手法である。照度分布を正投影で表す際に用いられることが多い。等値線を描画する方法としては，格子状に与えられたサンプリング点上の値から，サンプリング点間を結ぶ線上の値を内挿し，それを手掛かりに等値線を描いていくマーチングキューブ法などが知られている。

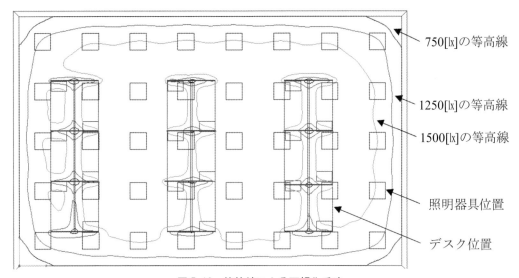

図 5-18　等値線による可視化手法

5.6.3 疑似カラー表現による可視化手法

図 5-19 のように，得られた測光量の値に対して特定の色を割り当て，その色の違いで分布を表現するものである。間隔を狭めた等値線による表現と考えられ，等値線表現の場合に比べてより詳細な分布を分かりやすく読み取ることが可能である。一方で，測光量の大きさとは無関係な色を割り当てているため，物理量の分布の結果として得られる印象・雰囲気を確認することは難しい。また，サンプリング点の密度が十分でないと表現が困難となるため，デジタルカメラで測定された輝度分布や，計算で得られた照度・輝度分布の表現などに用いられることが多い。また，正投影による照度分布，透視投影による輝度分布の表現によく用いられる。

図5-19　疑似カラー表現による可視化手法

5.6.4　光と色を考慮した表現による可視化手法

図5-20のように，得られた測光量に対し，光と色を考慮して点を配置し，物理量の結果として得られる印象・雰囲気を理解できるようにした手法である．計算によって得られた輝度，色度を用いて透視投影のCGで表現されることが多い．直感的な理解が可能な表現であるが，ディスプレイに表示す

図5-20　光と色を考慮した表現による可視化手法

る，紙に印刷するなどの方法で可視化する場合，得られた測光量の値を完全に再現することは困難である．このため，可視化結果から得られる印象・雰囲気が実際のものと異なることがあり，注意が必要である．

引用・参考文献

1) 総務省公害等調査委員会：公害苦情調査結果報告, 1988 年度, 1990 年度, 1998 年度, 1999 年度
  ※これらの結果を元に図 5-1 を作成
2) 永田明寛，SPCONV ver. 0.7, 日本建築学会熱環境シミュレーション小委員会 Library, Application and Database, http://news-sv.aij.or.jp/kankyo/s12/index.htm#Home_TOP (2018.1.17 アクセス)
3) 日本建築学会編：日本建築学会設計計画パンフレット 24, 日照の測定と検討，彰国社, 1984
4) 日本工業規格 JIS Z9110：2010 照明基準総則
5) 日本工業規格 JIS Z9110：2011 照明基準総則（追補 1）
6) ISO 30061：2007（CIE S 020/E：2007）Emergency lighting
7) 日本照明工業会 JIL5501-2009 非常用照明器具技術基準 改正追補 2015.8.25 改正
8) パナソニック，照明設計資料, http://www2.panasonic.biz/es/lighting/plam/knowledge/design_knowledge.html （2017.4.15 アクセス）
9) 建築消防実務研究会，建築消防 advice2017, 新日本法規出版
10) 照明学会 JIEC-006（2014）歩行者の安全・安心のための屋外公共照明基準
11) 日本工業規格 JIS Z9111：1979 道路照度基準
12) CIE 136：2000 Guide to the lighting of urban areas
13) 日本防犯設備協会 SES E1901-1 防犯灯の照度基準, 2005.
14) 日本建築学会編：光と色の環境デザイン，オーム社, 2001.
15) 日本道路協会：道路照明施設設置基準・同解説, 2007.
16) 照明学会編：景観照明の手引き，コロナ社, 1995.
17) 中島龍興・近田玲子・面出薫：照明デザイン入門，彰国社, 1995.
18) CIE 094：1993 Guide for Floodlighting
19) 金沢市：金沢らしい夜間景観整備計画, 2014.
20) 環境省：光害対策ガイドライン平成 18 年 12 月改訂版, 2006.
21) CIE 150：2015 Guide on the Limitation of the Effects of Obtrusive Light 2nd Edition.
22) 日本工業規格 JIS Z 9103：2005 安全色-一般的事項
23) 大井義雄・川崎秀昭，カラーコーディネーター色彩，日本色研究事業(株), 2007.
24) 秋月有紀・井上容子, 個人の視認能力を考慮した色の三属性の細部識別閾への影響，照明学会誌，第 92 巻 5 号, pp. 241-249, 2008.

25) 岡嶋克典・岩田三千子,水晶体加齢モデルによる高齢者の照明シミュレーションと最適照度の検討,照明学会誌,Vol. 82, 8A, 564-572, 1998.

26) 日本建築学会編,建築の色彩設計法,丸善株式会社,2005.

27) 中村芳樹,時代に適合したオフィス照明を実現する設計技術指針(オフィス照明設計技術指針の改訂),照明学会誌,Vol. 101, No. 8, 2017.

28) 日本工業規格 JIS Z9125:2007 屋内作業場の照明基準

29) 省エネルギーセンター,オフィスビルの省エネルギー,2009.

30) CIE 157:2004 Control of Damage to Museum Objects by Optical Radiation

31) 文部科学省告示第 60 号,学校環境衛生基準,2009.

索　引

【英数字】

BRDF ……………………………………36
BTDF ……………………………………36
BZ 分類 ………………………………115
EL ランプ ……………………………111
GR ……………………………………134
LED …………………………………106
PWM 調光 ……………………………119
TAL …………………………………150
UGR ……………………………56, 134
ZEB ……………………………………99

【あ】

アーク灯 ……………………………104
明るさ …………………………………53
明るさセンサ ………………………120
アルガンランプ ……………………113
アルベード ……………………………86
暗順応 …………………………………22
暗所視 …………………………………22
安全色 ………………………………144
安定器 ………………………………109
行灯 …………………………………113
維持照度 ……………………………134
位相制御調光 ………………………119
色温度 …………………………8, 56, 84, 86
色に順応 ………………………………26
色の恒常性 ……………………………26
色の見え ………………………………56
色の見え方 ……………………………53
インバーター回路 …………………109

映り込み ……………………………118
永久影 …………………………………79
円環型 ………………………………109
演色性 ………………………53, 58, 105
演色評価数 ……………………………59
オーニング ……………………………94
温度放射 ……………………………103
温白色 ………………………………105

【か】

カーテン ………………………………96
カウンタービーム照明方式 ………123
拡散透過率 ……………………………36
拡散反射率 ……………………………36
可視化 ………………………………156
可視放射 ………………………………69
可照時間 ………………………………77
ガス灯 ………………………………113
カットオフ形 ………………………123
カテナリ方式 ………………………123
間接照度 …………………………38, 42
加法混色 ………………………………15
間接照明 ……………………………114
間接昼光率 ………………………52, 53
完全放射体軌跡 ………………………17
キセノンランプ ……………………111
輝度 ……………………………………35
輝度計 …………………………………35
輝度対比 ………………………………60
逆数相関色温度 ………………………57
局部照明方式 ………………………117
距離の逆二乗則 ………………………34

均時差	72	【さ】	
均等拡散面	4, 41	採光規定	132
空間の明るさ	54	採光フィルム	99
クリアタイプ	108	最大比視感度	11
クリプトン電球	108	彩度	18
グレア	53, 55	作業面切断公式	38, 44, 50
グローバル照度	82	三色説	25
蛍光水銀ランプ	110	三路スイッチ	119
蛍光物質	109	シーソースイッチ	119
蛍光ランプ	109	シーリングライト	121
形態係数	46	シェード	113
顕色系	15	紫外線	1, 109
建築化照明	122	紫外放射	69
減能グレア	55, 61	視覚	11, 60
減法混色	15	時角	73
高圧水銀ランプ	110	視環境	33, 53
高圧ナトリウムランプ	110	視環境設計	33, 127
虹彩	21	視環境評価	33
格子状ルーバー	118	視感測色	37
光色	56, 105	視感透過率	35
光線追跡法	48	視感等色	37
光束維持率	105	視感反射率	35
光束伝達法	38, 46	色域面積比	60
光束法	37, 49	色彩輝度計	35
光度	34	色相	18
光幕輝度	61	刺激値直読式	33
高欄方式	123	視細胞	21
効率	104	室指数	49
光梁	122	実用炭素電球	104
コーニス照明	122	島日影	80
コーブ照明	122	シャンデリア	121
黒体放射	56	終日影	78
コッファー照明	122	周辺視グレア	55
混色系	15	順応	22
コンパクト形	109	順応輝度	60
		硝子体	21
		障子戸	97

照度	12, 35, 45, 88	対数螺旋	114
照度計	35	タイマー	120
照明基準総則	133, 149	太陽位置図	74
照度均斉度	134	太陽高度	73
照明率	49	太陽光利用照明システム	98
燭台	113	太陽赤緯	73
視力	60	太陽定数	67
人感センサ	120	太陽方位角	73
真太陽時	73	ダウンライト	121
推奨照度	134	ダウンライト照明	122
水晶体	21	高さ制限	129
スイッチ	119	段階説	25
錘面積分	42	炭素電球	104
すだれ	94	逐点法	37, 50
スカラー照度	63	地物反射光	82, 86
スポットライト	121	中央標準時	71
正投影	156	昼光光源	82
正透過率	36	昼光照度	82
正反射率	36	昼光色	105
赤外線	2	昼光率	52, 88
赤外放射	69	中心窩	21
積分球	34, 44	中心視グレア	55
設計用全天空照度	89	昼白色	105
セミカットオフ形	123	直接照度	38
センサ	120	調光	119
全天空照度	84	調光ガラス	94, 95, 96
全般照明方式	117	調色	120
相関色温度	57	提灯	113
総合効率	105	直射	83
相互反射	42, 45	直射日光	68, 83
相反定理	46, 47	直射日光照度	83
測色量	33	直接照明	114
測光量	33	直接昼光率	52
		追跡照明方式	124
		低圧ナトリウムランプ	110
【た】		テーブルスタンド	122
大気透過率	68		
対称照明方式	123	天球	70

電球形	109	発光効率	84
電球色	105	バルコニー	92
天空光	68, 84	ハロゲンサイクル	108
天空光照度	82	ハロゲン電球	108
天空率	76, 130	反射グレア	55, 86
天窓	90	反射指向特性	36
投影	156	反射率	3, 35
透過指向特性	36	反対色説	25
等価反射率	44, 45	日影規制	127
透過率	35	日影曲線図	78
瞳孔	21	日影時間図	78
等時間日影線	78	日影図	78
透視投影	156	光害	142
等値線	157	光環境	33, 53
動程	105	光ダクトシステム	98
透明水銀ランプ	110	光天井照明	122
道路照明	123	ひさし	92
灯油	113	日の入り	70
トロファー照明	122	日の出	70
トンネル照明	124	標準等視力曲線	61
		標準の光	35
【な】		フォトンマッピング法	49
南中	70	不快グレア	55
日没	70	プッシュスイッチ	119
日照	77, 127	ブライトネス	54
日照時間	77	ブラインド	93, 97
日照率	77	ブラケット	121
入射角の余弦則	35	フロアスタンド	122
軒	92	フロアライト	122
		フロストタイプ	108
【は】		プロファイル角	91
配光	11, 34, 115	分光視感効率	34
ハイマスト方式	123	分光透過率	36
白色	105	分光反射率	9, 36
白熱電球	108	分光分布	9
白熱マントル	113	分光放射輝度計	35
薄明視	22	分光放射測定式	33

平均演色性評価指数…………………27, 59
平均演色評価数………………59, 105, 134
平均太陽時………………………………71
平均反射率………………………………45
ヘルムホルツ-コールラウシュ効果………55
ベクトル・スカラー比……………………63
ベクトル照度……………………………63
ペンダント……………………………121
放電ランプ……………………………109
防犯灯…………………………………124
ポール方式……………………………123
ポジションインデックス…………………56
保守率……………………………………49

【ま】

窓…………………………………………87
窓面照度…………………………………51
窓面積有効率……………………………50
窓面昼光率………………………………52
無機 EL………………………………111
明視三要素………………………………26
明視性……………………………………53
明順応……………………………………22
明所視……………………………………22
明視四要素………………………………60
明度………………………………………18
メタルハライドランプ……………111, 124
面光源……………………………………38
網膜………………………………………21
モデリング………………………………63

【や】

有機 EL………………………………111
よしず……………………………………94

【ら】

ライトシェルフ…………………………93

ライトネス………………………………54
ランバートの余弦則……………………41
ランプ効率……………………………105
立体角……………………………………11
立体角投射率……………12, 38, 41, 51
ルーパー…………………………………93
ルミネセンス…………………………103
ろうそく………………………………113
ロールスクリーン………………………97

MEMO

MEMO

小﨑　美希（こざき　みき）
お茶の水女子大学基幹研究院自然科学系　助教
博士（工学）
執筆担当：第1章

原　直也（はら　なおや）
関西大学環境都市工学部建築学科　教授
博士（工学）
執筆担当：第2章

望月　悦子（もちづき　えつこ）
千葉工業大学創造工学部建築学科　教授
博士（工学）
執筆担当：第3章

鈴木　広隆（すずき　ひろたか）
神戸大学大学院工学研究科建築学専攻　准教授
博士（工学）
執筆担当：第4章

秋月　有紀（あきづき　ゆうき）
富山大学人間発達科学部人間環境システム学科　教授
博士（学術）、博士（工学）
執筆担当：第5章

建築光環境工学
― その基礎から応用まで ―

2018年10月29日　初版第1刷発行

著作者	小﨑　美希 原　直也 望月　悦子 鈴木　広隆 秋月　有紀
発行者	柴山　斐呂子

検印省略

発行所　理工図書株式会社

〒102-0082　東京都千代田区一番町27-2
電話03（3230）0221（代表）
FAX03（3262）8247
振替口座　00180-3-36087番
http://www.rikohtosho.co.jp

©鈴木広隆　2018　Printed in Japan　ISBN978-4-8446-0878-3
印刷・製本　丸井工文社

＊本書の内容の一部あるいは全部を無断で複写複製（コピー）することは、法律で認められた場合を除き著作者および出版社の権利の侵害となりますのでその場合には予め小社あて許諾を求めて下さい。
＊本書のコピー、スキャン、デジタル化等の無断複製は著作権法上の例外を除き禁じられています。本書を代行業者等の第三者に依頼してスキャンやデジタル化することは、たとえ個人や家庭内の利用でも著作権法違反です。

★自然科学書協会会員★工学書協会会員★土木・建築書協会会員